中経の文庫

図解 中学3年間の英語を10時間で復習する本

稲田 一

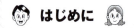

はじめに

この一冊で英会話にもつよくなる!

みなさんは日頃こんなふうに感じてはいませんか?

「英語をもう一度やり直したいけど、英会話学校に行くのは気が引けるなあ…」
「今さら中学レベルの英語を教わりたいなんて、はずかしくて言えないよ…」
「今年こそは苦手だった英語を、基本からまとめてやり直すぞ!」

　そんな1人である、私の友人の娘さん(ゆりさん)から頼まれて、10時間の個人レッスンをすることになりました。
　そのレッスンをまとめたのが、『**中学3年間の英語を10時間で復習する本**』です。

　この本では、**みなさんが中学生の頃に「英語」の授業で感じていた素朴な疑問を、中学生レベルの視点でやさしく説明**しています。
　また、全体が**「会話調」で進む授業の形式**をとっていますので、みなさん自身も**マンツーマンのレッスンに参加している気分**になれます。
　通勤・通学電車の中や家事の合間に、またソファーに

寝転がりながらでも、気軽に読み進めていくことができ、**知らず知らずのうちに「中学英語の復習」ができます。**

単行本ではじめにこの本を出した後、多くの読者の方々（10～80代の老若男女）から、「読書カード」でうれしい励ましの言葉をたくさんいただきました。反響の大きさに大変驚くとともに、本当に感謝しています。

読者の声

忘れていた、当たり前の英文法を思い出させてくれました。世界1周に出るための力となってくれると思います！
(H・Oさん／女性)

be動詞や3人称単数など、今さら聞くのがはずかしいことが載っていて助かりました。
(M・Hさん／男性)

息子が中学生になり、宿題をチェックする際に自分の英語の知識が不足していると実感していました。まさにそんなとき、店頭でこの本が私を呼んでいました！
(M・Mさん／女性)

仕事で英語が必要になり、基礎を思い出すために購入。非常にわかりやすくてgoodです。
(N・Kさん／男性)

学生時代にもやもやしていた疑問が消えました。中学あるいは高校時代に、この本と出会っていればよかったと思います。大変役に立ちました。(M・Mさん/男性)

3年後に娘と語学留学をしたくて、英語のやり直しを決心しました。「必ずネイティブ級になろう!」と思いました。
(S・Nさん/女性)

大変うれしい本です。どの時限からでも取りかかれるのがいいですね。
(F・Iさん/女性)

英語の文法が中学時代は理解できていませんでした。あのときこんな一冊があれば、どんなに助かったことかと思います。
(K・Sさん/男性)

ポイントがコンパクトにわかりやすく書いてあります。永久保存で手元に置いておきたいと思っています。(D・Gさん/男性)

この本を読んで、自分がちょっとしたことにつまずいていたことがよくわかり、スッキリしました。もっと早くこの本に出会いたかったです。(A・Wさん/女性)

このようなみなさんの感想を聞き、「**中学3年間の英語をもっと視覚的にわかりやすく解説した本を作りたい！**」という思いが私の中に芽生えました。

　そこで、内容をオール図解化して完成したのが、本書です。

　本書は1999年の発売から、2010年の改訂を経てロングセラーを続けている『中学3年間の英語を10時間で復習する本』をベースに、姉妹本『中学3年間の英文法を10時間で復習する本』の内容も取り入れました。
　このたび文庫化され、コンパクトなサイズで全ページフルカラーになっていますので、とても見やすく、重要なポイントがどんどん頭に入ってくるようになっています。

　英会話の基礎はほとんどが中学英語です。本書を読んで1人でも多くの方が中学英語を復習し、英語をマスターされることを心よりお祈りしています。
　「思い立ったが吉日」です。さあ、今日から中学時代に戻って、英語の「おさらい」をしましょう！

2016年　春
著　者

Contents

はじめに …………………………………………………… 2

1時間目 中学英語の入り口は「動詞」から！

1 be 動詞と一般動詞のちがい ……………………… 12
2 一般動詞に「s(es)」がつく場合 ………………… 16
3 人称のまとめ ………………………………………… 20
4 否定文と疑問文 ……………………………………… 24
「動詞」のまとめ ……………………………………… 28

2時間目 過去から未来へひとっ飛び！「時制」

5 be 動詞の過去形 …………………………………… 30
6 一般動詞の過去形 …………………………………… 34
7 過去形の否定文と疑問文 …………………………… 38
8 未来形の will と be going to の使い方 ……… 42
9 進行形の作り方 ……………………………………… 46
「時制」のまとめ ……………………………………… 50

3時間目 おしゃれな会話の宝庫「助動詞」「命令文」「疑問詞」

10 助動詞の基本 ………………………………………… 52
11 助動詞 can の使い方 ……………………………… 56
12 助動詞 may の使い方 ……………………………… 60
13 助動詞 must の使い方 …………………………… 64

- **14** 命令文と Let's の文 ………………… **68**
- **15** 命令文 , and 〜／命令文 , or 〜 …… **72**
- **16** 疑問詞の基本 ………………………… **76**
- 「助動詞」「命令文」「疑問詞」のまとめ …… **80**

4時間目 クローズアップ「名詞」「代名詞」

- **17** 数えられる名詞と数えられない名詞 …… **82**
- **18** 物質名詞の数え方 …………………… **86**
- **19** 人称代名詞の変化 …………………… **90**
- **20** 代名詞の所有格 ……………………… **94**
- **21** 代名詞の目的格 ……………………… **98**
- **22** 所有代名詞について ………………… **102**
- 「名詞」「代名詞」のまとめ ………………… **106**

5時間目 プリティ・ウーマン「形容詞」「副詞」

- **23** 形容詞の基本 ………………………… **108**
- **24** 数量を表す形容詞 …………………… **112**
- **25** 「be 動詞＋名詞」と「be 動詞＋形容詞」のちがい ‥ **116**
- **26** 副詞の基本 …………………………… **120**
- **27** 頻度を表す副詞 ……………………… **124**
- 「形容詞」「副詞」のまとめ ………………… **128**

6時間目 グルメ or エステ「比較」「最上級」「感嘆文」

- **28** 比較の原級 …………………………………… **130**
- **29** 比較級と最上級 …………………………… **134**
- **30** 比較級・最上級の作り方 ………………… **138**
- **31** 感嘆文の作り方 …………………………… **142**
- 「比較」「最上級」「感嘆文」のまとめ ……… **146**

7時間目 愛されるよりも愛したい「受動態」

- **32** 能動態と受動態 …………………………… **148**
- **33** by ＋目的格が省略される場合 ………… **152**
- **34** 目的語が2つある場合の受動態 ………… **156**
- **35** 受動態の否定文と疑問文 ………………… **160**
- **36** 動詞句の受動態 …………………………… **164**
- **37** by 以外を使う受動態 ……………………… **166**
- 「受動態」のまとめ ………………………………… **168**

8時間目 役割たくさんの働き者「不定詞」「動名詞」

- **38** 不定詞①　名詞と同じ働きをする ……… **170**
- **39** 不定詞②　副詞と同じ働きをする ……… **174**
- **40** 不定詞③　形容詞と同じ働きをする …… **176**
- **41** 疑問詞＋不定詞の形 ……………………… **178**
- **42** 動詞＋人＋不定詞の形 …………………… **180**
- **43** 動名詞の基本 ……………………………… **182**

「不定詞」「動名詞」のまとめ……………………………… **186**

9時間目 時の過ぎゆくままに…「現在完了」「付加疑問文」「間接疑問文」

44 現在完了①　継続を表す………………………… **188**
45 現在完了②　経験を表す………………………… **192**
46 現在完了③　完了を表す………………………… **196**
47 現在完了④　結果を表す………………………… **200**
48 付加疑問文の基本………………………………… **204**
49 助動詞の付加疑問文……………………………… **208**
50 命令文とLet's ～の付加疑問文………………… **210**
51 間接疑問文の作り方……………………………… **212**
「現在完了」「付加疑問文」「間接疑問文」のまとめ……… **216**

10時間目 英語の達人への扉「関係代名詞」「分詞」

52 関係代名詞の基本と主格の関係代名詞………… **218**
53 所有格の関係代名詞……………………………… **222**
54 目的格の関係代名詞……………………………… **224**
55 現在分詞と過去分詞……………………………… **226**
「関係代名詞」「分詞」のまとめ…………………………… **230**

編集協力:h+m lab(エイチエムラボ)
本文デザイン:4U design(南 貴之)
本文イラスト:横井智美

1時間目

中学英語の入り口は「動詞」から!

覚えていますか? 動詞の基本

「英語をイチからやり直したい!」と思っていませんか? それにはやっぱり、「動詞」からはじめるのがイチバンです。中学時代に習った「動詞」をあらためて整理しながら、1つひとつしっかり思い出していきましょう。

1時間目 中学英語の入り口は「動詞」から!

① be動詞と一般動詞のちがい

KEY SENTENCE ①

I **am** a student.
私は学生です。

最初の時間は、**動詞**の話からはじめよう。

お願いします!

まず、**動詞には「be動詞」と「一般動詞」**があるんだ。

はい。

「be 動詞」というのは、I am a student. や This is a book. や You are a teacher. で使われている、**「am / is / are」**のことだよ。「〜です」と訳されることが多いね。

じゃあ、「一般動詞」は？

いっぱいあるよ。たとえば、よく聞く**「go」**や**「play」**は一般動詞だ。つまり、さっきの「am / is /are」の**「be動詞」以外はすべて「一般動詞」**なんだ。

動詞はほとんどが「一般動詞」と思っていいですか？

そのとおり。そう考えると簡単だね。

わかりました！

図解　動詞の種類は2つ

be 動詞
am / is / are
「〜です」
（現在形）

主語によって「am / is / are」を使い分ける

単 I **am** a teacher.（私は先生です）
↓
複 We **are** teachers.（私たちは先生です）

単 You **are** a doctor.（あなたは医者です）
↓
複 You **are** doctors.（あなたたちは医者です）

単 He **is** a pilot.（彼はパイロットです）
↓
複 They **are** pilots.（彼らはパイロットです）

単 It **is** a dog.（それは犬です）
↓
複 They **are** dogs.（それらは犬です）

❶ be 動詞と一般動詞のちがい

一般動詞
go / play など be 動詞以外のすべての動詞

動作を表すときに使う

- 単 I **play** golf.（私はゴルフをします）
- ↓
- 複 We **play** golf.（私たちはゴルフをします）

- 単 You **like** apples.（あなたはリンゴが好きです）
- ↓
- 複 You **like** apples.（あなたたちはリンゴが好きです）

- 単 She **lives** in London.（彼女はロンドンに住んでいます）
- ↓
- 複 They **live** in London.（彼女らはロンドンに住んでいます）

- 単 It **moves** fast.（それは速く動きます）
- ↓
- 複 They **move** fast.（それらは速く動きます）

2 一般動詞に「s(es)」がつく場合

KEY SENTENCE ②

He <u>goes</u> to school.
彼は学校へ行く。

一般動詞に、なぜ「s(es)」がついたりついていなかったりするのか知ってる？

ええと…。説明お願いします！

よし。次のように頭に入れておけば大丈夫。まず、**「s(es)」をつける場合を完全に押さえておくこと**。そうすれば、**残りはすべて**

「s(es)」がつかないことになるからね。

なるほど。どうやって判断したらいいですか？

「s(es)」がつく場合は、とても簡単。18ページを見て、**4つの条件**を完全に押さえておいてほしい。この条件には例外がないので、一度理解すれば、なぜ今までこんなことで悩んでいたのか不思議に思うはずだよ。

わかりました。

例文で確認しておこう。
> 例 He **plays** tennis.（彼はテニスをする）
> My father **plays** tennis.
> （私の父はテニスをする）
> Her mother **teaches** English.
> （彼女の母は英語を教えている）
> His dog **runs** fast.
> （彼の犬は速く走る）

> **図解** 「s(es)」をつけるときの4つの条件

1 主語が<u>3</u>人称

2 主語が<u>単数</u>

3 文が<u>現在</u>のことを述べている

4 肯定文（ふつうの文）

この3つの頭文字をとって
「**3・単・現（サン・タン・ゲン）**」の
「**s（エス）**」と呼ぶ

復習できたらチェック！

❷ 一般動詞に「s(es)」がつく場合

Point! 3単現の「s(es)」のつけ方

▶ 「一般動詞」の語尾＋ s
- 例 run（走る） ➡ run**s**

▶ 「o」「s」「x」「ch」「sh」の語尾＋ es
- 例 go（行く） ➡ go**es**
  - pass（通る） ➡ pass**es**
  - fix（固定する） ➡ fix**es**
  - teach（教える） ➡ teach**es**
  - wash（洗う） ➡ wash**es**

▶ 「子音字＋ y」の語尾
➡ 「y」を「i」にかえて＋ es
- 例 study（勉強する） ➡ stud**ies**

▶ 「母音字＋ y」の語尾＋ s
➡ 「y」はそのまま＋ s
- 例 play（〜する） ➡ play**s**

※母音字とは、「a（ア）」「i（イ）」「u（ウ）」「e（エ）」「o（オ）」のこと。

③ 人称のまとめ

KEY SENTENCE ③

My father **plays** golf.
私の父はゴルフを**する**。

次は、「**人称**」についてだ。わかりやすく説明するよ。
まず、自分が会話する場面を想像してみよう。そして、会話で必要な人を順番にあげていこう。

はい。

まず第一に自分自身が必要で、次に相手が必要

になるね。

そうですね。

会話で必要な順に **1人称（私）、2人称（あなた）** と呼び、**「1人称単数」は「I」、「2人称単数」は「you」** だよ。
そして、話をしている2人以外は第3者になるから、これを **「3人称」** と考えればいいよ。
この3人称には動植物や物も含まれるんだ。

じゃあ、**「3人称単数」は「he / she / it」** の3つですね？

そう。この3つが主語のときにだけ一般動詞に「s(es)」をつければ、残りは全部そのままでいいんだ。

簡単ですね。

図解 人称は、1人称・2人称・3人称の3つ

一般動詞に「s(es)」をつける場合
＝
現在のことを述べる肯定文（ふつうの文）で主語が「he / she / it」のときだけ

❸ 人称のまとめ

He **plays** tennis.（彼はテニスをする）

She **goes** to school.（彼女は学校へ行く）

It **runs** fast.（それは速く走る）

My father **washes** his car.（私の父は自分の車を洗う）

Your mother **cooks** well.（君のお母さんは料理がうまい）

Tom **drives** a car.（トムは車を運転する）

上の例文中の「My father＝He」
「Your mother＝She」「Tom＝He」は、
すべて「3人称単数」なので「s(es)」がつく。

he 彼	Tom トム	my father 私の父
she 彼女	Mary メアリー	your mother あなたのお母さん
it それ	your book あなたの本	my dog 私の犬

④ 否定文と疑問文

KEY SENTENCE ④

Does she play tennis?

彼女はテニスを**しますか?**

次の文を**「否定文」**と**「疑問文」**にかえてみよう。
例 She plays tennis.（彼女はテニスをする）

否定文が、She does not plays tennis.
疑問文が、Does she plays tennis?
でしょうか？

少し残念だったね。**否定文や疑問文では「plays」**

の「s」が消えてしまう。ここが大きなポイントだ。

あっ、そうか！

一般動詞を含む文では、否定文や疑問文を作るときに「do」や「does」を使うよね。
これも同様に、**主語が3人称単数（he / she / it）のときだけは「does」を使い**、残りはすべて「do」を使う、と覚えておくといいよ。

なるほど〜。

18ページで、一般動詞に「s(es)」がつくのは、肯定文（ふつうの文）のときだけと復習したね。だから、さっきの例文を否定文や疑問文にかえるとき、「play」に「s」はつかないんだ。次のように考えてごらん。「does」という単語は「do」に「es」がついた形だよね？だから、否定文や疑問文で「does」を使うときは「do」という"磁石"が「plays」から「s」という"鉄"を引きつけて「does」の形として残る。

図解 否定文と疑問文の作り方

一般動詞（3単現）

否定文＝主語＋ don't / doesn't ＋動詞の原形
疑問文＝ Do / Does ＋主語＋動詞の原形～？

否定文 ➡ 肯定文の一般動詞の直前に
「do not / does not（短縮形 don't / doesn't）」
を置く

疑問文 ➡ 肯定文の文頭に「Do / Does」を置く

肯定文		She		goes	to school.
否定文		She	does not	go	to school.
疑問文	Does	she		go	to school?

+1 プラスワン 「have」と「has」の使い方

「have」と「has」には、特別なルールがある。「have（持っている）」は、主語が「3人称単数（he / she / it）」のときに「has」にかわる。これは一般動詞に「s(es)」をつけるときの条件（p.18 参照）とまったく同じ。「have」の「ve」がとれた後に「s」がくっついて「has」になった、と考えれば理解しやすいだろう。

❹ 否定文と疑問文

be 動詞

否定文＝主語＋ am not / isn't / aren't
疑問文＝ Am / Is / Are ＋主語～？

否定文 ➡ be 動詞の後に「not」を入れる
(am not [= I'm not] / is not / are not
[短縮形 isn't / aren't])

疑問文 ➡ be 動詞を文頭に出す
(主語と be 動詞の語順を逆にする)

肯定文		He	is	a teacher.
否定文		He	is not	a teacher.
疑問文	Is	he		a teacher?

また、「has」を使うのは、現在のことを述べる肯定文（ふつうの文）で主語が「he / she / it」のときだけ。「does」を使って「否定文・疑問文」に書きかえると、「has」は「have」に戻る。

例 肯定文　He has a book.
　 否定文　He does not have a book.
　 疑問文　Does he have a book?

「動詞」のまとめ

1時間目に習った KEY SENTENCE をおさらいしましょう。
復習したら□にチェック！

① I **am** a student. □
私は学生です。

② He **goes** to school. □
彼は学校へ**行く**。

③ My father **plays** golf. □
私の父はゴルフを**する**。

④ **Does** she play tennis? □
彼女はテニスを**しますか**？

過去から未来へ ひとっ飛び!「時制」

あなたの明日の予定は？

2時間目は、以前の思い出、これからの運勢、進行中の出来事をおさらいしましょう。過去は忘れて、英語といい関係であり続けたいですね。明日もいい日でありますように！

2時間目 過去から未来へひとっ飛び！「時制」

5 be動詞の過去形

 この時間は「**過去**」「**未来**」と「**進行形**」の話をしよう。

 えっ！　今回はずいぶん多いんですね。

 大丈夫！　数は多くても、説明する量はたいしたことないから。

ほっ。どうも中学のときの詰め込み主義に対するアレルギーが、まだ完全に抜けていなくて…。

ハッハッハ！
ここでの英語のおさらいは、「理解してもらう」ことを第一に考えてるからね。君たちの悩みは、私もよ～くわかってるつもりだよ（笑）。
じゃあ、はじめるよ。**「be動詞」の過去形**には、どんなものがあった？

これは簡単です。**「was」と「were」**の2つですね。

その通り。**現在形より数が1つ少ないから助かるね。**
現在形の使い方さえ押さえておけば、**「am / is」**を**「was」**に、**「are」**を**「were」**にかえるだけでOKだよ。

図解 be動詞の過去形は「was」「were」の2つ

was
am / is ➡ was
主語が1人称・3人称の単数

「am/is」の文を「was」にかえる

例

I **was** tired yesterday.（昨日、私は疲れていた）

He **was** a teacher.（彼は教師だった）

She **was** happy.（彼女は幸せだった）

It **was** a dog.（それは犬だった）

be動詞の語形変化のまとめ

人称	現在形		過去形	
	単数	複数	単数	複数
1人称	am		was	
2人称	are	are	were	were
3人称	is		was	

❺ be動詞の過去形

2時間目

were
are ➡ were
主語が2人称と複数

「are」の文を「were」にかえる

例

You **were** a student.（あなたは学生だった）

We **were** young.（私たちは若かった）

They **were** big.（それらは大きかった）

Column コラム 「Watch out！」は「外を見ろ！」なの？

　こんな笑い話があります。窓からボンヤリと外の景色をながめていた人が、「**Watch out！**」という大声に驚いて顔を出したところ、2階から落ちてきたプランターに頭を直撃されてしまったのです。「**あぶない！**」という注意を、文字通り「外を見ろ！」と解釈したことから生じた"悲喜劇（！）"といえるでしょう。

2時間目 過去から未来へひとっ飛び!「時制」

❻ 一般動詞の過去形

KEY SENTENCE ⑥

I met Mary last night.
私は昨夜メアリーに会った。

「一般動詞」の過去形は人称や単数・複数に関係なく、ほとんどの動詞に「ed」をつければよかったね。これを規則動詞という。

ええ、覚えてます。

この規則動詞の「ed」のつけ方には簡単な規則があるんだ。36ページで確認してほしい。

それから、過去形にするのに「ed」をつけない動詞もあるからね。**「不規則動詞」といって、形がまったく変化してしまう。**

私はそれが中学時代からどっても苦手で…。先生、英語ってどうしてこんなに変化ばかりするんでしょうか？　日本語なら「テニスをした」「歌を歌った」「〜した」で終わりなのに。

まあまあ。不規則といっても、変化の型は大きく分けて**4つ**だ。
だから、この型ごとに復習しておくといいよ。これの変化表も37ページにまとめておいたからね。

はい。

日本語と英語とでは文の構造がまったく異なっているから、英語を学ぶときは単語や文法をはじめとして、最低限のことは頭に入れておこう。

図解　一般動詞の過去形は規則動詞と不規則動詞で異なる

規則動詞
ほとんどの一般動詞は「ed」をつける

規則動詞の過去形「ed」のつけ方

▶〈動詞〉の語尾＋ ed
例 walk（歩く）➡ walk**ed**（歩いた）

▶〈e〉の語尾＋ d
例 live（住む）➡ live**d**（住んだ）

▶〈子音字＋ y〉の語尾
　➡「y」を「i」にかえて＋ ed
例 study（勉強する）➡ stud**ied**（勉強した）

▶〈母音字＋ y〉の語尾
　➡「y」はそのまま＋ ed
例 play（遊ぶ）➡ play**ed**（遊んだ）

▶〈短母音＋子音字〉の語尾
　➡ 子音字を重ねて＋ ed
例 stop（止める）➡ sto**pped**（止めた）

復習できたらチェック！

❻ 一般動詞の過去形

不規則動詞
おおまかに4つの型で変化する

2時間目

不規則動詞変化表

型	原形	過去形	過去分詞形	意味
A-A-A型 （無変化）	cut read	cut read [リード]	cut read [レッド]	切る 読む
A-B-A型 （原形＝過去分詞形）	come run	came ran	come run	来る 走る
A-B-B型 （過去形＝過去分詞形）	build tell teach make	built told taught made	built told taught made	建てる 話す 教える 作る
A-B-C型 （原形、過去形、過去分詞形がすべて違う）	begin speak write take	began spoke wrote took	begun spoken written taken	はじめる 話す 書く 取る

2時間目 過去から未来へひとっ飛び!「時制」

7 過去形の否定文と疑問文

KEY SENTENCE ⑦

Did she play ○ tennis yesterday?
彼女は昨日テニスを**しましたか**?

次の例文をそれぞれ「**否定文**」と「**疑問文**」にかえてみて。

例 ① She played tennis yesterday.
　　（彼女は昨日テニスをした）
② Tom met Mary last night.
　　（トムは昨夜メアリーに会った）

基本的な考え方は、現在形の場合と同様ですね?

そう。ただ、「do」「does」ではなく、**過去形の否定文・疑問文では、主語が何であれ「did」を使う**んだったね。

ええと…
①の否定文が、
She **didn't play** tennis yesterday.
疑問文が、**Did** she **play** tennis yesterday?
②の否定文が、
Tom **didn't meet** Mary last night.
疑問文が、**Did** Tom **meet** Mary last night?
これでどうですか?

いいね〜。完璧、完璧! 過去も現在と同じように、**否定文と疑問文では動詞はすべて「原形」になる**。
だから、「played」は「play」に、「met」は「meet」に戻るんだね。

図解 過去形の否定文と疑問文の作り方

一般動詞の過去形

否定文＝主語＋ didn't ＋動詞の原形
疑問文＝Did ＋主語＋動詞の原形～？

否定文 ➡ 肯定文の一般動詞の過去形の直前に「did not（短縮形 didn't）」を置く
疑問文 ➡ 肯定文の文頭に「Did」を置く
否定文・疑問文 ➡ 動詞を原形に戻す

肯定文		She		played	tennis yesterday.
否定文		She	did not	play	tennis yesterday.
疑問文	Did	she		play	tennis yesterday?

+1 プラスワン 過去の文によく使われる語句

last～ 　例　last week（先週）
　　　　　　last month（先月）
　　　　　　last year（昨年）
　　　　　　last night（昨夜）

❼ 過去形の否定文と疑問文

否定文＝主語＋ wasn't / weren't
疑問文＝ Was / Were ＋主語〜？

否定文 ➡ be 動詞の後に「not」を入れる
（was not / were not
［短縮形 wasn't / weren't］）

疑問文 ➡ be 動詞を文頭に出す（主語と be 動詞の語順を逆にする）

肯定文		He	was	a teacher.
否定文		He	was not	a teacher.
疑問文	Was	he		a teacher?

〜 ago	例	two weeks ago（2週間前に）
		many years ago（何年も前に）
その他	例	yesterday（昨日）
		the other day（先日）
		one day（ある日）
		then（そのとき）

2時間目 過去から未来へひとっ飛び！「時制」

⑧ 未来形の will と be going to の使い方

KEY SENTENCE ⑧

I **will** go to America next summer.
私は来年の夏にアメリカへ行く**つもりだ**。

What **are** you **going to** do tomorrow?
あなたは明日、何を**するつもり**ですか？

未来のことを表すには、「**will**」を使えばよかったね。
じゃ、次の例文を「**未来形**」にして、②はさらに「**否定文**」と「**疑問文**」にしてもらえるかな。

例 ① I study English every day.
　　（私は毎日英語を勉強する）
　② She plays the guitar well.
　　（彼女はギターを上手に弾く）

はい。こんなふうになります？
①の未来形は、I **will study** English every day.
②の未来形は、She **will play** the guitar well.
否定文は、She **will not play** the guitar well.
疑問文は、**Will** she **play** the guitar well?

OK。特に、②の「play」に「s」をつけなかったのがすばらしい！
「未来形」で最も大切なことは、**「will」の後にくる動詞が「原形」ということだよ。**

「will」と同じ意味を持つ**「be going to」**というのもありますよね？

うむ。主語に合わせて「be」は「am / is / are」にかえて使うんだ。
つまり、「I <u>am</u> going to」「He <u>is</u> going to」「We <u>are</u> going to」「They <u>are</u> going to」となる。

図解 未来形＝主語＋will / be going to ＋動詞の原形

単純未来
単なる未来
「〜だろう」

↓

近い未来を述べる

例

It will rain tomorrow.（明日は雨が降る**だろう**）

I will be busy tomorrow.（明日、私は忙しい**だろう**）

Point! 否定文・疑問文にするには？

否定文 　主語＋ will not (＝won't) ＋動詞の原形
　　　　　 主語＋ is/are not (＝isn't/aren't) going to ＋動詞の原形

疑問文 　Will ＋主語＋動詞の原形〜？
　　　　　 Is/Are ＋主語＋ going to ＋動詞の原形〜？

❽ 未来形の will と be going to の使い方

意志未来
話し手・主語の意志
「〜するつもりだ」

↓

自分の意志を述べる

I **will** visit him next month.
（私は来月彼を訪ねる**つもりだ**）

I **am going to** play tennis tomorrow.
（私は明日テニスを**するつもりだ**）

 未来の文によく使われる語句

tomorrow	例 tomorrow morning（明日の朝）
next 〜	例 next week（来週）
	next month（来月）
	next year（来年）
this 〜	例 this year（今年）
	this afternoon（今日の午後）
その他	例 some day（いつか）

❾ 進行形の作り方

> **KEY SENTENCE ❾**
>
> Tom and Alice
> **are walking** in the park.
> トムとアリスは公園を散歩しているところだ。

最後に「進行形」の話をしよう。ここは簡単なので、すぐに終わるからね。

「進行形」というのは、「ただいま恋愛進行中」の「進行」のことですね（笑）。

ハハハ！　まさにそのとおり。つまり、「現在進行形」とは、「現在ある動作が行われている

真っ最中」ということになるね。

そうですね〜。

1つだけ注意しておくと、**現在の時点における動作の進行は「am / is / are ＋ ing」で、過去のある時点における動作の進行は「was / were ＋ ing」**になる。

はい。

それから、**進行形にできない動詞**も少しだけあるんだ。
状態を表す動詞「know（知っている）」「like（好きである）」「have（持っている）」などは進行形にしないのがふつうだね。
ただし、「have」が「食べる」という意味のときは、進行形にできるよ。

例 I am having lunch.
（私は昼食をとっている、または食べている）
［動作］

図解 進行形＝be動詞＋動詞のing形

現在進行形

am / is / are ＋ ing

「〜している」「〜しているところだ」

現在ある動作が行われている最中であることを表す

Point!「ing」のつけ方

▶ 〈動詞〉の語尾＋ ing
- 例 walk（歩く）➡ walking
- speak（話す）➡ speaking など

▶ 〈e〉の語尾 ➡ 「e」を取って＋ ing
- 例 live（住む）➡ living など
- 例外 see（見える）➡ seeing（「e」を取らない）

▶ 〈短母音＋子音字〉の語尾 ➡ 子音字を重ねて＋ ing
- 例 swim（泳ぐ）➡ swimming
- run（走る）➡ running など

▶ 〈ie〉の語尾 ➡ 「ie」を「y」にかえて＋ ing
- 例 lie（横になる）➡ lying
- die（死ぬ）➡ dying
- tie（結ぶ）➡ tying

❾ 進行形の作り方

過去進行形

was / were ＋ ing
「〜していた」「〜しているところだった」
過去のある時点に動作が進行していたことを表す

2時間目

肯定文	Mary makes a doll. （メアリーは人形を作る） ➡ Mary **is making** a doll. 　（メアリーは人形を**作っているところだ**）
否定文	They don't swim in the river. （彼らは川で泳がない） ➡ They **aren't swimming** in the river. 　（彼らは川で**泳いでいない**）
疑問文	Did Tom play tennis yesterday? （トムは昨日テニスをしましたか？） ➡ **Was** Tom **playing** tennis yesterday? 　（トムは昨日テニスを**していましたか？**）

「時制」のまとめ

2時間目に習った KEY SENTENCE をおさらいしましょう。
復習したら □ にチェック！

⑤ I **was** busy yesterday. □
昨日、私は忙し**かった**。

⑥ I **met** Mary last night. □
私は昨夜メアリーに**会った**。

⑦ **Did** she play tennis yesterday? □
彼女は昨日テニスをしましたか？

⑧ I **will** go to America next summer. □
私は来年の夏にアメリカへ行く**つもりだ**。

What **are** you **going to** do tomorrow? □
あなたは明日、何を**するつもり**ですか？

⑨ Tom and Alice **are walking** in the park. □
トムとアリスは公園を**散歩しているところだ**。

おしゃれな会話の宝庫
「助動詞」「命令文」「疑問詞」

気の利いた質問をするには？

　会話のスムーズな展開には、助動詞や疑問詞の知識が不可欠です。ここでは、相手に何かをお願いしたり、相手を誘ったりする表現を復習しましょう。「助動詞」「命令文」「疑問詞」を使いこなして、すてきな出会いを！

3時間目 おしゃれな会話の宝庫 「助動詞」

⑩ 助動詞の基本

KEY SENTENCE ⑩

You **may** go with me.
あなたは私といっしょに行って**もよい**。

この時間は「**助動詞**」をやろう。**代表的な助動詞**は、「**can（〜できる）**」「**may（〜してもよい）**」「**must（〜しなければならない）**」の3つだったね。

そうでした。

助動詞は**動詞の働きを助ける語**だ。助動詞を動

詞の前に置くことで、**動詞の意味の範囲を広げる**ことができるんだ。

例 swim（泳ぐ）
→ **can** swim（泳ぐことができる）
→ **may** swim（泳いでもよい）
→ **must** swim（泳がなければならない）

助動詞は大切な働きをしてるんですね。

注意してほしいのは、**助動詞の後には必ず動詞の原形がくる**ということ。

はい。ということは、「**will（～だろう、～つもりだ）」も助動詞**ですか？

そうだよ。それから、**助動詞が２つ並ぶことは絶対にない**ことも頭に入れておこう。

図解
助動詞＝動詞の働きを助ける語
代表的な助動詞：can / may / must

助動詞の特徴

1. 動詞の前に置き、動詞の働きを助ける
（主語＋助動詞＋動詞の原形の語順）

2. 主語が何であっても変化しない
（3単現の「s(es)」はつかない × He cans ～.）

3. 2つ並べない
（× I will can ～. × He will must ～.）

❿ 助動詞の基本

Point! 助動詞の後には必ず動詞の原形がくる

主語 + { can / may / must } + **動詞の原形**

3時間目

⚠注意
主語が「he / she / it」の場合でも、主語と動詞の間に助動詞が入ることで「s(es)」は消えてしまう。

 be able to と have to

「can」と同じ意味の熟語は**「be able to」**、「must」と同じ意味は**「have to」**である。この2つの熟語を使えば、それぞれ**「will be able to（〜することができるだろう）」**や**「will have to（〜しなければならないだろう）」**など、助動詞2つ分の意味を表すことができる。

11 助動詞 can の使い方

KEY SENTENCE ⑪

Can I help you?
何を差し上げましょうか?

「can」は、能力を表すときだけじゃなくて可能性を表すときにも使うんだ。59 ページに使い方をまとめておいたよ。

「can't」に「〜のはずがない」という意味があるなんて、すっかり忘れてました。

でも、実際には「〜できない」という意味で使

うことのほうが多いんだ。**「～のはずがない」の場合は「can't be」の形が多いので**、この形をヒントにするといいね。

そうですね。

それから、「can」には過去形「could」はあっても未来形はないんだ。

じゃあ、どうやって未来のことを表すんですか？

「can」を「be able to」に置き換えて、**「will be able to（～することができるだろう）」**を使うんだ。助動詞は2つ並べられないからね。

ところで先生、**「will」も助動詞**でしたね。

そのとおり。動詞の前に置かれ、will go「行くだろう、行くつもりだ」と動詞の働きを助けているのだからね。

図解　canには2つの意味がある

能　力
「〜することができる」

▶現在形　can（= am / is / are able to）
＋動詞の原形

例　I **can** swim well.（私は上手に泳げる）
　　= I **am able to** swim well.

▶過去形　could（= was / were able to）
＋動詞の原形

例　I **could** swim well yesterday.
（私は昨日上手に泳げた）
　　= I **was able to** swim well yesterday.

▶未来形　will be able to ＋動詞の原形

例　I **will be able to** swim well tomorrow.
（私は明日上手に泳げるだろう）

⓫ 助動詞 can の使い方

可能性
「(否定文の形で) ～のはずがない」

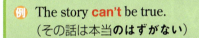

例 The story **can't** be true.
(その話は本当のはずがない)

Point! 否定文・疑問文の作り方

肯定文		He	can		run	very fast.
否定文		He	can	not	run	very fast.
疑問文	Can	he			run	very fast?

Column コラム 7 P.M. or P.M. 7?

喫茶店、美容院などの開店・閉店時間でおなじみの「A.M.」と「P.M.」。繁華街を歩いていると、「A.M. 7」「P.M. 11」など、間違った表示が目立ちます。正しくは「**7 A.M.**」「**11 P.M.**」。

日本での生活が長い英国出身の大学教授に意見を伺うと、「日本の店では、A.M. と P.M. を英語の単語としてではなく一種のマークとして、単なるデザイン感覚で使っているのではないか」という感想でした。

みなさんはどう思われますか？

3時間目　おしゃれな会話の宝庫　「助動詞」

⑫ 助動詞 may の使い方

KEY SENTENCE ⑫

May I see your passport, please?
パスポートを見せてください。

次は「**may**」の使い方にいこう。「may」の2つの意味は覚えてる？

ええ～っ、2つもありましたっけ？

忘れちゃったかい？ 「**may**」の**2つの意味の覚え方**を教えておこう。
「～してもよい」「～かもしれない」の2つの

意味をただくっつけて、**「してもよいかもしれない」** と何度も繰り返す。

なんとか意味は通じますね（笑）。

ちょっと苦しいけどね（笑）。
もっといい方法は、何か文章にしてしまうことだね。
たとえば、カラオケ好きの人なら、歌にしてしまえば覚えやすいよ。

歌…ですか？

うん。ほら、こんなふうに。
「♪夜の海岸は人がいないから、
大声で歌の練習を**してもよいかもしれない**♪」

なるほど〜。これなら記憶に残るかも（笑）。

mayには2つの意味がある

許 可
「〜してもよい」

例 You **may** swim.（あなたは泳いでもよい）

▶ **不許可　may not**「〜してはいけない」

例 You **may not** swim.（あなたは泳いではいけない）

 「May I 〜 ?」の答え方

「〜してもいいですか？」と相手に「許可」を求められたとき、答えに「may」「may not」を使うと、**目上の人から目下の人に対するやや堅い表現になるので、ふつうの会話では使われない。**

質問　**May I** sit down?
　　　（座ってもいいですか？）

答え　**Sure [Certainly].**（いいですとも）
　　　Yes, of course.（ええ、もちろん）
　　　I'm afraid you can't.（ご遠慮ください）

⑫ 助動詞 may の使い方

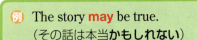

推 量
「〜かもしれない」

例 The story **may** be true.
（その話は本当かもしれない）

▶ **may not**「〜ではないかもしれない」
例 The story **may not** be true.
（その話は本当ではないかもしれない）

Point! 否定文・疑問文の作り方

肯定文（許可）		You	may		go.
否定文（不許可）		You	may	not	go.
疑問文（許可）	May	I			go?

3時間目　おしゃれな会話の宝庫　「助動詞」

⑬ 助動詞 must の使い方

KEY SENTENCE ⑬

You **must** sing.
あなたは歌わ**なければならない**。

「must」にも2つの意味があるんだよ。

あ〜、こっちも覚えてません…。

「must」も「may」と同じように覚えればいいよ。
「〜しなければならない」「〜にちがいない」の2つをくっつけて、**「しなければならないにちがいない」**と何度も繰り返そう。

はい。

 じゃあ、こちらもカラオケの要領でいってみようか。

 あ、先生、こんなのどうですか？
「♪近所迷惑なので、家の中では
小声で練習**しなければならないにちがいない**♪」

 うまい、うまい。センスあるねぇ！
それから、1つ注意点がある。**「must」の過去形はない**からね。
たまに、「musted」という人がいるから気をつけてほしい。
正しい形は「had to（〜しなければならなかった）」になるよ。
また、未来は「will have to（〜しなければならないだろう）」だからね。助動詞は2つ並べられないので「will must」はだめだよ。

図解 mustには2つの意味がある

義務・当然
「〜しなければならない」

▶**現在形　must（= have / has to）＋動詞の原形**

例 I **must** swim.（私は泳が**なければならない**）
　　= I **have to** swim.

例 **A: Must** I start now?
　　（今出発しなければならないのですか？）
　B: No, you **don't have to**.
　　（いいえ、その**必要はありません**）

!注意
「Must I 〜 ?」に対する否定の答えに「No, you must not.」を使ってはいけない。must not は「禁止」を表すので、「いいえ、そうしてはいけません」という意味になってしまう。なお、口語では「must」より「have to」のほうがよく使われる。

▶**過去形　had to ＋動詞の原形**

例 I **had to** swim yesterday.
　　（私は昨日、泳が**なければならなかった**）

▶**未来形　will have to ＋動詞の原形**

例 I **will have to** swim tomorrow.
　　（私は明日、泳が**なければならないだろう**）

⓭ 助動詞 must の使い方

> ### 強い推量
> 「〜にちがいない」

> 例 The story **must** be true.
> (その話は本当**にちがいない**)

Point! 否定文・疑問文の作り方

肯定文		I	must / have to	go there.
否定文		I	don't have to	go there.
疑問文	Do	I		have to	go there?

!注意
主語が3人称単数の場合は、「don't」が「doesn't」に、「Do」が「Does」にかわる。

Column コラム 「テレビゲーム」は英語?

世はまさに"テレビゲーム時代"。子どもはもちろん、大人までが熱中しています。ところでこの「テレビゲーム」、実は和製英語で、英語では**「video game」**といいます。他にも、娯楽に関する和製英語に「ジェットコースター」がありますが、**「roller coaster (ローラーコースタァ)」**が正しい英語です。「カタカナ英語」は、できるだけ辞書で確認するようにしましょう。

3時間目　おしゃれな会話の宝庫　「命令文」

⑭ 命令文と Let's の文

KEY SENTENCE ⑭

Look at this flower.
この花を見なさい。

次は「**命令文**」の説明に入るよ。文というのは、「主語」と「動詞」があるのがふつうだけど、**命令文は主語の「you」を省略してしまう。**

どうしてですか？

それは、命令する相手が「話し相手（you）」に決まってるからなんだ。このように命令文

は、主語を使わず**動詞の原形ではじめる**のが大きな特徴だ。

はじまりは動詞の原形、ですね。

そう。命令文を作るときのポイントは、たった2つだ。
①**主語の「you」を消す**ことと、②**動詞の「原形」ではじめる**こと。

心得ました！

よし。特に「be動詞」ではじまる文に気をつければ、あとは何の問題もない。
それから**「否定の命令文」**は、動詞の原形の前に**「Don't」**や**「Never」**を置こう。
「Let's〜」は「Shall we〜？（私たちは一緒に〜しましょうか？）」という、仲間の意向を聞く文とだいたい同じ意味になるから、きちんと押さえておこう。

図解 命令文の作り方：主語を省いて動詞の原形を使う

命令
動詞の原形〜
「〜しなさい」

例

Open the window.（窓を開けなさい）

Be kind to your friends.（友だちに親切にしなさい）

禁止
Don't ＋動詞の原形〜
「〜してはいけない」

例

Don't open the window.（窓を開けてはいけない）

強い禁止 Never ＋動詞の原形〜
「決して〜してはいけない」

Never tell a lie.（決してうそをついてはいけない）

⑭ 命令文とLet'sの文

勧誘
Let's + 動詞の原形〜
「〜しましょう」

A: **Let's go** for a walk. （散歩に**行きましょう**）

B: Yes, let's. （はい、そうしましょう）
No, let's not. （いいえ、よしましょう）

 ていねいさを表す please

「どうぞ、部屋を掃除**してください**」という言い方には、次の2通りがある。

文末に「please」をつける場合は、直前に「, (コンマ)」を入れる。

例 **Please** clean the room. = Clean the room, **please**.

また、「**Would you 〜, please?**」の形にすると、とてもていねいな依頼表現になる。

例 A: **Would you** pass me the salt**, please?**
（塩をとっていただけませんか？）
B: Here you are. （はい、どうぞ）

3時間目　おしゃれな会話の宝庫　「命令文」

15 命令文 , and 〜／命令文 , or 〜

KEY SENTENCE ⑮

Hurry up, or you will be late for school.

急ぎなさい、さもないと学校に遅れますよ。

「…しなさい、そうすれば〜」や「…しなさい、さもないと〜」という命令文のいい方は、ちゃんと覚えてる？

学校で習った記憶があります。

それじゃ、2つを比較して 74 〜 75 ページにまとめておくので、見てほしい。

はい。

例文を見たら納得すると思うけど、**「and」**の後には相手にとって**「良い内容」**が続き、**「or」**の後には**「悪い内容」**が続くということだね。

74〜75ページの例文では「and」は「列車に間に合う」で「or」は「間に合わない」ですね。

そう。これらの文は、ifを使って書きかえることもできるんだ。それも74〜75ページで押さえておこう。

お願いします！

図解 「命令文, and 〜」「命令文, or 〜」の使い方

良い内容

命令文, and 〜
「…しなさい、そうすれば〜」

例 **Start** at once**, and** you will catch the train.
（すぐに**出発しなさい、そうすれば**列車に間に合いますよ）

+1 プラスワン　「命令文, and 〜」「命令文, or 〜」の if を使った書きかえ

命令文, and 〜　⇔　If you ＋動詞, 〜

例 **If you** start at once, you will catch the train.
（**もし**すぐに出発**すれば**、あなたは列車に間に合うでしょう）

⓯ 命令文 , and 〜／命令文 , or 〜

> **悪い内容**
>
> # 命令文 , or 〜
> 「…しなさい、さもないと〜」

例) **Start** at once, **or** you won't catch the train.
（すぐに**出発しなさい、さもないと**列車に乗り遅れますよ）

命令文 , or 〜 ⇔ If you don't ＋動詞 , 〜

例) **If you don't** start at once, you won't catch the train.
（もしすぐに**出発しなければ**、あなたは列車に乗り遅れるでしょう）

16 疑問詞の基本

ここでは、会話をするときに役立つ疑問詞も説明しておこう。

はい。

疑問詞といえば「**5W1H**」だ。「**When（いつ）、Where（どこで）、Who（誰が）、What（何を）、Why（なぜ）、How（どのようにして）**」

の6つの単語の頭文字をとったもので、**文章や会話での基本**なんだ。

なるほど〜。

「5W1H」の疑問詞を使えば、いろいろなことが聞けるから、**会話の幅が広がってくる**んだ。まず相手に質問するところから会話ははじまるからね。
僕なんかも学生時代、友達と一緒に名所旧跡に出かけて、そこにいる外国人に片っ端から話しかけたもんだよ。「Where are you from?」とかね。

そんなことしてたんですか？

この「5W1H」は、**話のきっかけを作る最高の道具**なんだ。
78〜79ページに「5W1H」の会話例を紹介しておくから、友達と「会話練習」をしておくといいね。

図解 疑問詞の基本＝5W1H

| 時 | **When**「いつ」 |

例
A: **When** will the concert begin?
（コンサートは**いつ**はじまりますか？）
B: At 7:00.
（7時です）

| 場所 | **Where**「どこ」 |

例
A: **Where** does your uncle live?
（あなたのおじさんは**どこに**住んでいますか？）
B: He lives in Tokyo.
（東京に住んでいます）

| 人 | **Who**「誰」 |

例
A: **Who** is in the park?
（公園にいるのは**誰**ですか？）
B: Tom is.
（トムです）

| 物 | **What**「何」 |

例
A: **What** do you want for your birthday?
（誕生日に**何**がほしいですか？）
B: I want a camera.
（カメラがほしいです）

復習できたらチェック！

16 疑問詞の基本

A: **Why** were you absent yesterday?
（昨日は**なぜ**休んだのですか？）
B: Because I was ill.
（病気だったからです）

3時間目

A: **How** did you get home yesterday?
（昨日は**どのようにして**帰宅したのですか？）
B: By taxi.（タクシーで帰りました）

+1 プラスワン これらの疑問詞も使える！

Whose		「誰の」
What	（身分・職業）	「何をする人」
Which		「どちら」
How many	（数）	「どのくらい」
How much	（量・金額）	「いくら」
How old	（年齢）	「いくつ」
How tall	（身長）	「どれくらい」
How high	（高さ）	「どれくらい」
How long	（期間・長さ）	「どれくらい」
How often	（頻度・回数）	「どれくらい」
How far	（距離）	「どれくらい」

「助動詞」「命令文」「疑問詞」のまとめ

3時間目に習った KEY SENTENCE をおさらいしましょう。
復習したら□にチェック！

⑩ You **may** go with me. □
あなたは私といっしょに行って**もよい**。

⑪ **Can** I help you? □
何を差し上げ**ましょうか**？

⑫ **May** I see your passport, please? □
パスポートを見せて**ください**。

⑬ You **must** sing. □
あなたは歌わ**なければならない**。

⑭ **Look** at this flower. □
この花を**見なさい**。

⑮ **Hurry up, or** you will be late for school. □
急ぎなさい、さもないと学校に遅れますよ。

⑯ **Where** are you from? □
ご出身は**どちら**ですか？

4時間目

クローズアップ「名詞」「代名詞」

「名詞」と「代名詞」にもっと注目!

　動詞に比べて軽んじられている「名詞」と「代名詞」。でも、名詞だけ並べて十分意味が通じることもあります。4時間目は、そんな使える「名詞」「代名詞」にスポットライトを当てます。正しく扱うためのルールをおさらいしましょう。

4時間目 クローズアップ 「名詞」

17 数えられる名詞と数えられない名詞

KEY SENTENCE ⑰

Love is blind.
恋は盲目。《ことわざ》

この時間は**「名詞」**を説明しよう。名詞にはどんな単語がある?

え〜と、「dog」「desk」「book」…、「Tokyo」などでしょうか。

うん、そうだね。実は、名詞には**「数えられるもの」**と**「数えられないもの」**の2種類がある

んだ。数えられる名詞には、さっきあげてくれた最初の3つがあり、数えられない名詞には、「Tokyo（東京）」「water（水）」「love（愛）」などがある。

つまり、1つしかなかったり、形がなかったりするものは数えられないんだ。

なるほど。でも、「love」はよくわかりません…。

「love」というのは**「性質・状態・動作」**など、漠然として形のない、抽象的な名詞だから数えられないんだ。他にも、「beauty（美）」「peace（平和）」などがある。

わかりました。

愛や美なんて人によって基準がバラバラだよね。だから、抽象名詞といわれてるんだ。では、名詞の種類を84〜85ページにまとめておくから、よく頭の中に入れておこう。

図解 名詞の種類は2つ

数えられる名詞
- 「a/an」がつく
- 複数形がある

▶ **普通名詞**
1つ、2つと数えられる

例 bird（鳥）、desk（机）、book（本）、flower（花）など

▶ **集合名詞**
同じ種類の人・動物の集まり、グループ

例 family（家族）、class（クラス）、team（チーム）など

Column コラム コーヒーの数え方

「**coffee**」を数えるときは、ふつう「a cup [two cups] of coffee（コーヒー1 [2] 杯）」のようにいいます。しかし、店で注文するときには「**Two coffees, please.（コーヒー2つお願いします）**」などと、数えられる名詞として扱われます。

紅茶（**tea**）やオレンジジュース（**orange juice**）なども、同じ注文の仕方でOKです。

⓱ 数えられる名詞と数えられない名詞

数えられない名詞
- 「a/an」がつかない
- 複数形がない

▶ **固有名詞**

1つしかないものの名前。大文字ではじめる。人名、国名、地名、言語名、月、曜日、祝祭日など

例) Tom（トム）、Japan（日本）、English（英語）、January（1月）、Sunday（日曜日）、Christmas（クリスマス）など

▶ **物質名詞**

一定の形をもたない

例) coffee（コーヒー）、milk（ミルク）、rain（雨）、water（水）、air（空気）など

▶ **抽象名詞**

性質・状態など漠然として形がない

例) health（健康）、music（音楽）、love（愛）、beauty（美）、peace（平和）など

⑱ 物質名詞の数え方

KEY SENTENCE ⑱

How about another cup of coffee?
コーヒーを**もう1杯**いかがですか?

前回学習した数えられない名詞のうち、**「物質名詞」**については、**数え方**で気をつけてほしいことがある。たとえば、「water」なら**「a glass of water(1杯の水)」**、「coffee」なら**「a cup of coffee(1杯のコーヒー)」**という決まったいい方があるんだ。

同じ「1杯の」というのに、どうしていい方が

2通りあるんですか？

たとえば、熱いコーヒーには、「glass（ガラスのコップ）」は使わないと思う。コップが割れてしまうからね。つまり、**熱い液体を飲むときは「cup」、冷たい液体を飲むときは「glass」を使うんだ。**

なるほど〜。

それから、**「2杯のコーヒー」**は「two cups of coffee」だ。
「a____of 〜」の「a」は「two / three / four ...」と、いくらでも数を大きくすることができる。

ところで先生、水が「多い・少ない」はどういえばいいんですか？

なかなかいい質問だね。数えられない名詞だから、「much」や「little」を使って「much water」「a little water」とすればいいよ。

図解 物質を表す名詞の数え方

例 単数形

a cup of coffee [tea]
（1杯のコーヒー［紅茶］）
a glass of water [milk]
（1杯の水［ミルク］）
a pair of gloves [shoes]
（1組の手袋［1足の靴］）
a piece of paper [chalk]
（1枚の紙［1本のチョーク］）
a sheet of paper（1枚の紙）
a slice of bread（1切れのパン）
a spoonful of sugar（砂糖1さじ）
a lump of sugar（角砂糖1個）
a cake [bar] of soap（石けん1個）
a bottle of wine（ワイン1本）

Point! 複数形の作り方

a ☐ of ～
→ two [three] ☐ s(es) of ～

例 a glass of water → two glass**es** of water（2杯の水）

⚠ 注意
「glass」などには、後に「s(es)」をつけるのを絶対に忘れないこと。

⑱ 物質名詞の数え方

▶**単数形＋s**
例 dog（犬） ➡ dogs　など

▶**〈s, x, ch, sh〉の語尾＋es**
例 bus（バス） ➡ buses
　bench（ベンチ） ➡ benches　など

▶**〈子音字＋o〉の語尾＋es**
例 potato（ジャガイモ） ➡ potatoes　など
例外 後半が省略されてできた語は〈子音子＋o〉の語尾＋s
　piano（pianoforte）（ピアノ） ➡ pianos
　photo（photograph）（写真） ➡ photos　など

▶**〈子音字＋y〉の語尾 ➡ 「y」を「i」にかえて＋es**
例 baby（赤ちゃん） ➡ babies　など

▶**〈母音字＋y〉の語尾＋s**
例 boy（少年） ➡ boys　など

▶**〈f, fe〉の語尾 ➡ 「f, fe」を「v」にかえて＋es**
例 leaf（葉） ➡ leaves　など
例外 roof（屋根） ➡ roofs　など

▶**不規則変化**
①母音部分のつづりが変化
例 man（男） ➡ men
　foot（足） ➡ feet　など
②「en」「ren」をつける
例 ox（雄牛） ➡ oxen
　child（子ども） ➡ children　など
③単複同形
例 sheep（羊） ➡ sheep
　Japanese（日本人） ➡ Japanese　など

⑲ 人称代名詞の変化

 次は「**人称代名詞**」に入ろう。
これは、1時間目の「人称」のところで少し触れたね（→ p.20 参照）。
「**I / we / you / he / she / it / they**」の7つあるよ。

 そうでしたね。

この7つは**人称・格・数によって形がいろいろと変化する**んだ。
英語を話したり書いたりするときの大切なルールだから、92〜93ページの表は完全に覚えてほしい。

 先生、何かいい覚え方がありますか？

 そうだね、「アイ、マイ、ミー、マイン。ユー、ユア、ユー、ユアズ…」と、**リズムよく何度も繰り返せば、自然に覚えられる**と思うよ。

 それもそうですね。

 ただ、人称代名詞は覚えただけじゃダメなんだ。使いこなせなけりゃね。そのためにも、少し練習しておこう。

 わかりました！

図解 人称代名詞は人称・格・数によって形が変化する

人称代名詞の変化表

単数		主格(は・が)	所有格(の)	目的格(を・に)	所有代名詞(のもの)
1人称	私	I	my	me	mine
2人称	あなた	you	your	you	yours
3人称	彼	he	his	him	his
	彼女	she	her	her	hers
	それ	it	its	it	—

Column コラム 鈴木さんが2人いるときは？

中学時代、人や国の名前などの「固有名詞」は複数形にできないと習ったはずです。しかし、規則には必ず例外がつきもの。次のような場合には、ふつうの名詞と同じように「s」をつけることができます。

例 There are two Suzukis in this class.
（このクラスには鈴木さんが2人いる）

また、「the ＋人の姓の複数形」で「～家の人々、～一家」を表します。

例 The Tokugawas（徳川家の人々）

⑲ 人称代名詞の変化

複数		主格 (は・が)	所有格 (の)	目的格 (を・に)	所有 代名詞 (のもの)
1人称	私たち	we	our	us	ours
2人称	あなた たち	you	your	you	yours
3人称	彼ら 彼女ら それら	they	their	them	theirs

!注意

・「you」と「it」の主格と目的格は同じ形
・「her」は所有格と目的格の両方で使われる
・「his」は所有格と所有代名詞の両方で使われる
・所有格「its」は「it's」と勘違いしやすい

例 I have a cat. **Its** name is kitty.
　　(× It's name)

4時間目 クローズアップ 「代名詞」

⑳ 代名詞の所有格

次の①と②の文を見てほしい。間違いがあれば訂正してごらん。

例
① Is this Tom room?
(これはトムの部屋ですか?)
② This is a my dog.
(これは私の犬です)

①は Tom → Tom's ですが、②は合ってるよ

うな気がします。

うーん、残念ながら②も間違いで、「a」をとる。**「a / an」** は数えられる名詞の単数形の前につけて、**特に決まってない、はっきりしないもの** であることを表すんだ。

はい。

たとえば犬はこの世にいくらでもいるけど、「a dog」はその中のどれか「1匹の犬」を指す。ところが、「my dog」や「this dog」は特定のはっきりした犬、つまり「私の犬」「この犬」を表すんだ。

なるほど。

だから、**不特定なものを表す「a / an」と、特定のものを表す「my / his / this / that」はいっしょには使えないんだ。**

図解　所有格の使い方

所有格の種類

	単数	複数
1人称	my（私の）	our（私たちの）
2人称	your（あなたの、あなたたちの）	
3人称	his（彼の） her（彼女の） its（それの）	their（彼らの、彼女らの、それらの）

20 代名詞の所有格

Point! 所有格の位置とルール

▶**名詞の前に置く**

例 **my** house（私の家）

▶**a/an、the, this/that、these/those とともには使えない**

「my（私の～）、his（彼の～）」など所有格は「a / an」や「this（この～）, that（あの～）」などといっしょには用いられない。

例 × a my book　　× my a book
　 × this my book　× my this book

▶**名詞の所有格（～の）は「～'(s)」で表す**

名詞の所有格は、語尾に「's」をつけて作る。ただし、複数名詞で「s」で終わっている場合は、その後に「'」だけをつける。

単数名詞+'s
例 **Bill's** watch（ビルの腕時計）
　 my father's car（私の父の車）
複数名詞+'
例 **the boys'** house（その少年たちの家）

4時間目 クローズアップ 「代名詞」

21 代名詞の目的格

まず**目的格の使い方**を思い出してほしい。目的格は、①動詞の後に置く場合と、②前置詞の後に置く場合に使われるんだったね。

ちょっと記憶があいまいです…。

①に関しては、動詞の後にくる名詞や代名詞を「**目的語**」といい、代名詞の場合は「**目的格＝**

目的語」となる。
また、動詞には**目的語をとる動詞（他動詞）**と、**とらない動詞（自動詞）**がある。

あっ、思い出しました。

他動詞は「～を」や「～に」などの意味をもともと**動詞の中に含んでいる**から、動詞のすぐ後に目的語を置くだけで、意味のある文ができるんだ。

他動詞は目的格（＝目的語）がとれるんですね。

そうだね。自動詞の場合は、内容をもっと詳しく説明したかったら、**「前置詞＋名詞」**の形にするといい。
自動詞の後には、**「場所」や「時」などを表す語句**がよく使われるよ。

図解 目的格の使い方

目的格の種類

	単数	複数
1人称	me（私を）	us（私たちを）
2人称	you（あなたを、あなたたちを）	
3人称	him（彼を） her（彼女を） it（それを）	them（彼らを、彼女らを、それらを）

プラスワン 他動詞と自動詞

他動詞 目的語を必要とする動詞

例 I **know** him.（私は**彼を**知っている） [人称代名詞]
　　　目的語

　 I **have** a pencil.（私は**鉛筆を**持っている） [名詞]
　　　　目的語

自動詞 目的語を必要としない動詞

例 I **go** to school.（私は学校へ**行く**）
　 I **swim** in summer.（私は夏に**泳ぐ**）

！注意
「to school」「in summer」は目的語ではなく修飾語。

21 代名詞の目的格

Point! 目的格の位置とルール

▶**一般動詞の後に置く**

例 Do you **know** <u>him</u>?
　　　　　　　人称代名詞

（あなたは**彼を**知っていますか？）

Do you **know** <u>my father</u>?
　　　　　　　名詞

（あなたは**私の父**を知っていますか？）

▶**前置詞の後に置く**

例 I play baseball **with** <u>them</u>.
　　　　　　　　　　人称代名詞

（私は**彼らと**野球をする）

I play baseball **with** <u>my friends</u>.
　　　　　　　　　　名詞

（私は**友達と**野球をする）

4時間目 クローズアップ 「代名詞」

22 所有代名詞について

KEY SENTENCE 22

This dress is mine.
この服は**私のもの**です。

さ、4時間目の最後だよ。**「所有代名詞」**というのは、**「〜のもの」**という意味で、「mine」を含めて6つの語があることは覚えてるね（→ p.92参照）。

ええ、覚えてます。

では、次の2つの文が同じ内容になるように、

（　）に適当な語を入れてごらん。

例 ① This is your bag.
→　This bag is (　　).
② This is my mother's book.
→　This book is my (　　).
③ This isn't their house.
→　This house isn't (　　).

① yours、② mother's、③ their's になります。

どれどれ。あれっ？　③の答えは何だか変だよ。所有代名詞を「your's / her's / our's / their's」とするカン違いは、とても多いから注意すること。③は「theirs」が正解。

例の訳 ①これはあなたのかばんです。
→　このかばんはあなたのものです。
②これは私の母の本です。
→　この本は私の母のものです。
③これは彼らの家ではありません。
→　この家は彼らのものではありません。

図解 所有代名詞の使い方

所有代名詞の種類

	単数	複数
1人称	**mine** = my + 名詞 （私のもの）	**ours** = our + 名詞 （私たちのもの）
2人称	**yours** = your + 名詞 （あなたのもの、あなたたちのもの）	
3人称	**his** = his + 名詞 （彼のもの） **hers** = her + 名詞 （彼女のもの）	**theirs** = their + 名詞 （彼らのもの、彼女らのもの）

「whose」の 2 つの使い方

① **Whose** + 名詞 ～？（～は誰の…ですか？）

例

A: **Whose book** is this?（これは**誰の本**ですか？）
B: It is **mine**.（それは**私のもの**です）

② **Whose** ～？（～は誰のものですか？）

例

A: **Whose** is this book?（この本は**誰のもの**ですか？）
B: It is **mine**.（それは**私のもの**です）

復習できたらチェック！

22 所有代名詞について

> **Point!** 所有代名詞の位置とルール

▶**所有代名詞（〜のもの）＝ 所有格（〜の）＋名詞**

例 This book is **mine**. ＝ This is **my book**.
　（この本は**私のもの**です）（これは**私の本**です）
　This book is **his**. ＝ This is **his book**.
　（この本は**彼のもの**です）（これは**彼の本**です）

▶**名詞の所有代名詞（〜のもの）＝ 名詞の所有格（〜の）＋名詞**

例 **Tom's**（トムのもの）＝ **Tom's** book（トムの本）
　※所有格と同じ形だが、後に名詞がこない。

▶**a/an, the, this/that, these/those など＋名詞＋ of ＋所有代名詞**

例 <u>a</u> friend **of mine**（私の友達）
　<u>this</u> book **of yours**（あなたのこの本）

!注意
所有代名詞は「単数」にも「複数」にも使われる。

「名詞」「代名詞」のまとめ

4時間目

4時間目に習った KEY SENTENCE をおさらいしましょう。
復習したら□にチェック！

⑰ **Love** is blind. □
恋は盲目。《ことわざ》

⑱ How about **another cup of** coffee? □
コーヒーを**もう1杯**いかがですか？

⑲ This piano is **mine**. □
このピアノは**私の**です。

⑳ This is **her** bag. □
これは**彼女の**バッグです。

㉑ I know **him**. □
私は**彼を**知っている。

㉒ This dress is **mine**. □
この服は**私のもの**です。

プリティ・ウーマン「形容詞」「副詞」

どんなイメージですか？　形容詞・副詞

　言葉に豊かな表情を与えてくれる「形容詞」と「副詞」。「動詞」と「名詞」だけでも言いたいことは表現できますが、ちょっと物足りないのも事実。表現に彩りを添えてくれる「形容詞」と「副詞」をバッチリ復習しましょう。

5時間目 プリティ・ウーマン 「形容詞」

23 形容詞の基本

KEY SENTENCE ㉓

She bought a **new** sweater.

彼女は新しいセーターを買った。

これから「形容詞」と「副詞」の話をしていこう。形容詞と副詞の使い方をきちんと押さえておけば、これから先、復習の理解度がグンと高まると思うんだ。

それは楽しみです！

じゃあ、知ってる形容詞を2、3語あげてみて

くれる？

それなら簡単です。「red」「big」「new」「good」「happy」「pretty」…。

うん、それぐらいで十分だね。
では、形容詞を簡単に定義づけてみようか。**人や物などの「性質・状態・大きさ・形・色など」を表す語**ということになるかな。

私が今あげた単語は、すべて当てはまりますね。

そうだね。それから、形容詞の使い方は2つあるんだ。
1つは名詞のすぐ前に置いて、どのような名詞であるかを説明する用法。
もう1つは**「is」など「be 動詞」の後にくる用法**だね。

形容詞＝人や物などの「性質・状態・大きさ・形・色など」を表す語

形容詞の働き

▶前から名詞を修飾する：形容詞＋名詞

（※形容詞の後に名詞がある）

例 a **new** house （新しい家）

　　an **old** tree （古い木）

▶補語になる：be 動詞＋形容詞

（※形容詞の後に名詞がない）

例 This pencil is **long**.
　（この鉛筆は**長い**）
　＝　This is a **long** pencil.
　（これは**長い**鉛筆です）

㉓ 形容詞の基本

▶後から名詞を修飾する：～thing ＋形容詞

例 something cold
（何か冷たいもの ← 冷たい何か）

something cold to drink
（何か冷たい飲み物）

⚠️注意
「～thing ＋形容詞」の形では語順が逆になる。

5時間目

プラスワン 「a」と「an」の使い分け

名詞の前には「a/an」をつけるが、**発音が母音ではじまる単語の前には「an」を置く**。これは形容詞の場合も同様で、後にくる単語がかわるたびに、「a」になったり「an」になったりする。

例

a house（家）　➡　an old house（古い家）　➡　a very old house（とても古い家）

5時間目 プリティ・ウーマン 「形容詞」

24 数量を表す形容詞

KEY SENTENCE 24

She has **many** friends.
彼女には友人が**たくさん**いる。

ところで、前に水が「多い・少ない」はどう表現するか、ちょっとだけ説明したんだけど、覚えてる？

「much」や「little」です（→ p.87 参照）。

うん、いいね〜。じゃあ、数量を表す語を押さえよう。114〜115ページ上の表を見てほしい。

まず、表の上の段は「数」を、下の段は「量」を表すんだ。
つまり、上の段は「数えられる名詞」に、下の段は「数えられない名詞」に使うということだね。
上下２つの段にまたがっているものは、両方の名詞に使われるよ。

オッケーです！

次に、数えられる名詞に使う「few」と数えられない名詞に使う「little」は、どちらも「a」をつけて a few / a little とすると「少しはある」という肯定的な意味になり、「a」をつけずに few / little とすると「ほとんどない」という否定的な意味になるんだ。

「few」と「little」に「a」がつかない形は、学校のテストの和訳でよく間違えました（笑）。

「a」のない「few」や「little」を見たら、条件反射的に「ほとんどない」と考えればいいんだよ。

many / much / few / little の使い方

数量を表す語

	多くの		少しの
数	many	a lot of	a few
量	much	plenty of	a little

▶ 「many」と「much」

例 I have **many** friends.
（私には友人が**たくさん**いる）

We have **much** rain in June.
（6月には雨が**多い**）

▶ 「some」と「any」

例 I have **some** books.
（私は**何冊かの**本を持っている）

Do you have **any** books?
（あなたは本を持っていますか？）

I do**n't** have **any** books.
（私は1冊も本を持ってい**ない**）

❷❹ 数量を表す形容詞

	ほとんどない	いくらかの	少しもない
数	few	some (any)	no
量	little		

▶ 「few」と「little」

例 I have **a few** friends. (私には友人が**少しはいる**)
　 I have **few** friends. (私には友人が**ほとんどいない**)
　 I have **a little** money. (私はお金を**少し**持っている)
　 I have **little** money. (私はお金を**ほとんど**持っていない)

「some」と「any」

　原則的に「**some**」は肯定文、「**any**」は否定文・疑問文で使われる。ただし、人にものを勧めたり何かを頼んだりするときなど、「**yes**」の答えが予想されるときは、疑問文でも「**some**」を使う。また、「**if**」を使った条件文では「**any**」を用いる。
　なお、「**some**」と「**any**」はどちらも意味が弱いため、日本語に訳す必要のないことが多い。

5時間目 プリティ・ウーマン 「形容詞」

25 「be動詞＋名詞」と「be動詞＋形容詞」のちがい

KEY SENTENCE ㉕

This restaurant is very nice.

このレストランはとても**すてきだ**。

先生、「彼は親切です」を英語にすると、どうしてHe is kindness. ではなく、He is kind. になるんですか？

よし、**「be動詞」の働き**を形容詞の性質とからめて説明しておこう。
たとえば「**He is a student.（名詞）**」では「**彼＝生徒**」となって、「**be動詞**」の前後の単語が

「＝（イコール）」で結ばれる関係になるんだ。
同様に、「**He is kindness.（名詞）**」は「**彼は親切そのものです**」ということになる。
「彼＝親切そのもの」ということになると、彼は人間ではなく「**親切という抽象的なもの**」になってしまっておかしいよね。

そうですね。意味不明ですね。

一方、形容詞は人や物などの「性質・状態」を表す語だったよね。
だから「**He is kind.（形容詞）**」とすると、主語と形容詞が「＝」で結ばれるのではなく、主語の性質や状態を説明することになるんだ。
つまり「**彼→心の優しい性格の持ち主**」や「**彼→人に親切な状態**」になるということだ。

そういうことなんですね！

図解 「be動詞」の3つの働き

be 動詞＋名詞

「主語＝名詞」を表す
「〜です」

例

He **is** a student.（彼は生徒です）
He ＝ a student
（彼 ＝ 生徒）

be 動詞＋形容詞

性質・状態を表す
「〜です」

例

He **is** kind.（彼は親切です） He is kindness.
He ➡ kind
（彼 ➡ 人に親切な状態、心の優しい性格の持ち主）

復習できたらチェック！

25 「be 動詞＋名詞」と「be 動詞＋形容詞」のちがい

be 動詞＋場所を表す語

場所に存在することを表す
「〜に（…が）いる［ある］」

例

He **is** here.（彼はここに**いる**）

There **is** a book on the desk.（机の上に本が**ある**）

Column コラム 「cooker」って「cook する人」？

「-er」や「-or」を使って「人」を表す「接尾辞」があります。たとえば、「teacher（先生）」「visitor（訪問者）」などです。

すると、「cooker」は「料理人」という意味になるのでしょうか？

答えは NO です。これは、**オーブン、ガスレンジなどの料理用具のこと**なのです。では、人は何といえばいいのか？ コックさんという日本語から推測してください。つまり、料理をする人は「**cook（[クック] と発音）**」といいます。

また、「東京都民」は英語で何といえばいいのかご存じですか？「Tokyo」に何か「接尾辞」をくっつけてみましょうか。「-er」？「-or」？それとも…。正解は「Tokyoite」です。

「接尾辞」をいくつか紹介しておきましょう。
- -er　player（選手）　　- ant　assistant（助手）
- -ist　novelist（小説家）　- ian　musician（音楽家）

5時間目 プリティ・ウーマン 「副詞」

26 副詞の基本

KEY SENTENCE 26

He works **hard**.
彼は**熱心に**働く。

次は「副詞」に入るよ。副詞についても、知ってる単語を2、3あげてみてくれる？

「hard」や「fast」…、「very」はどうですか？

形容詞に比べて数が少ないな～(笑)。まあ、よしとしよう。
副詞とは、①動詞、②形容詞、③他の副詞を修

飾する語のことをいうんだ。修飾するとは、動詞、形容詞、他の副詞を説明し、意味をはっきりさせる役割を果たすことだね。

ふんふん。

たとえば、「He works hard.（彼は熱心に働く）」という文の場合、hardがなくても「彼は働く」という意味の完全な文になってるよね。でも、どういうふうに働いているのか、**「一生懸命に」**なのか、**「だらだらと」**なのか、意味をよりはっきりさせるために「hard」を加えているんだ。

なるほど。この機会に、副詞の働きをしっかり頭に入れることにします！

副詞=動詞、形容詞、他の副詞を修飾する語

副詞の働き

▶**動詞を修飾する**
例 He studies English **hard**.
（彼は英語を**熱心に**勉強する）

▶**形容詞を修飾する**
例 She is **very** pretty.（彼女は**とても**かわいい）

▶**他の副詞を修飾する**
例 He worked **very** hard.
（彼は**とても**熱心に働いた）

復習できたらチェック！

26 副詞の基本

Point! 副詞の位置

▶**動詞を修飾する** ➡ **動詞の後**
（※目的語がある場合は、目的語の後）
例 He played golf **well**.（彼はゴルフが**上手**だ）

▶**形容詞・副詞を修飾する** ➡ **形容詞・副詞の前**
例 She is **very** kind.（彼女は**とても**親切だ）

▶**時を表す副詞** ➡ **文末か文頭**
例 We went to the zoo **yesterday**.
（私たちは**昨日**動物園に行った）
= **Yesterday** we went to the zoo.

▶**副詞が重なる場合** ➡ **「場所＋状態＋時」の順**
例 He arrived <u>there</u> <u>safely</u> <u>last night</u>.
（彼は**昨夜無事にそこへ**着いた）

▶**頻度を表す副詞**（詳しくは p.124 参照）
➡ be 動詞・助動詞の直後
➡ 一般動詞の直前

5時間目

5時間目　プリティ・ウーマン　「副詞」

27 頻度を表す副詞

KEY SENTENCE 27

I sometimes exercise.
私は**時々**運動する。

次は、「**always（いつも）**」や「**often（しばしば）**」のような頻度を表す副詞を説明しよう。次の文の適した場所に「always」を入れてごらん。

例 ① I am busy.（私は忙しい）
　　② I get up at six.（私は6時に起きる）

「I am always ～」という語順は、今も頭の中

に残ってるんです。
① I am always busy.
② I always get up at six.　でどうでしょうか？

バッチリだね。大正解！
頻度を表す副詞の置き場所には2つのルールがあるんだ。それは、**① be 動詞・助動詞の直後**と、**②一般動詞の直前に置く**ということなんだ。

「usually (ふつうは、いつもは)」や「often (しばしば)」は、どのくらいの頻度を表してるんですか？

なかなかいい質問だね。
「always」を100%、**「never(決して〜ない)」を0%**とすると、**「usually」は80%**で、**「often」は60%**といったところかな。

図解 頻度を表す副詞の位置と使い方

「be動詞・助動詞」の「直後」に置く

I <u>am</u> **always** busy.（私は**いつも**忙しい）
You <u>must</u> **always** go to bed before ten.
（あなたは**いつも**10時前に寝なければならない）

「一般動詞」の「直前」に置く

I **always** <u>get</u> up at six.
（私は**いつも**6時に起きる）

「sometimes」は「文頭や文末」に置くこともある（強調のため）

Sometimes he goes to church.
（**時々**彼は教会へ行く）

復習できたらチェック!

27 頻度を表す副詞

> **Point!** 「形容詞」 ➡ 「副詞」の変化

同じ内容の文を「形容詞」と「副詞」で書きかえることができる。

▶ 「good」と「well」

good 形 よい、上手な
well 副 よく、上手に

例 She is a **good** singer.（彼女は**上手な**歌手です）
 = She sings **well**.（彼女は**上手に**歌う）

▶ 「形容詞」と「副詞」が同じ形のもの

hard 形 熱心な 副 熱心に
fast 形 速い 副 速く
early 形 早い 副 早く

例 He is a **fast** runner.（彼は**速い**走者です）形
 = He runs **fast**.（彼は**速く**走る）副

▶ 「形容詞 + ly」のもの

kind（親切な） ➡ kindly（親切に）
slow（遅い） ➡ slowly（遅く） など

▶ 「形容詞の語尾 y」を「i」に代えて+「ly」にするもの

happy（幸福な） ➡ happily（幸福に）
easy（簡単な） ➡ easily（簡単に） など

5時間目

「形容詞」「副詞」のまとめ

5時間目に習った KEY SENTENCE をおさらいしましょう。
復習したら□にチェック！

㉓ She bought a **new** sweater. □
彼女は**新しい**セーターを買った。

㉔ She has **many** friends. □
彼女には友人が**たくさん**いる。

㉕ This restaurant **is** very **nice**. □
このレストランはとても**すてきだ**。

㉖ He works **hard**. □
彼は**熱心に**働く。

㉗ I **sometimes** exercise. □
私は**時々**運動する。

6時間目

グルメorエステ
「比較」「最上級」「感嘆文」

今、最も関心のあるのはファッション？それとも食べ歩き？

「A店よりB店のほうがいいわ」「C店がいちばんよ」「これステキ！」。友達とこんな会話をするとき、必要なのは「比較」や「感嘆文」ですね。会話を盛り上げる表現をたくさん覚えて、楽しい「アフター5」にしてくださいね！

6時間目 グルメ or エステ 「比較」

28 比較の原級

KEY SENTENCE 28

Mary is as tall as Kate.

メアリーはケイトと同じ背の高さだ。

この前の時間でやった形容詞と副詞について、もう少し復習してみよう。
例 He is tall.（彼は背が高い）

この文を、①「彼は私よりも背が高い」、②「彼は私と同じくらい背が高い」という意味の英文に直してごらん。

① He is taller than I. 、② He is as taller as I. だと思います。

①は正解だ。でも、②はちょっと残念だったね。**AとBが同じ程度**であることを表すときは、比較級ではなく「原級」を使うんだ。
つまり、「tall」に「er」はいらないから、He is as tall as I. が正解だ。

なるほど〜。

「as I」のもとの形を「as I am tall」と考えれば、わかりやすくなるよ。「He is tall.」と「I am tall.」という、**同じ形の文を比較している**ことになるからね。
「原級」を使った表現を4つあげておくから、132〜133ページの例を参考に復習しておこう。

図解 「as＋原級＋as ～」の作り方

He is tall.　＝　I am tall.
（彼は背が高い）　　　（私は背が高い）

He is tall.
　　tall　I am 〇.

↓

He is as tall as I (am).
（彼は私と同じくらい背が高い＝私と同じ背の高さ）

「原級」を使った表現

▶ as ＋原級＋ as ～ 「～と同じくらい…」

例 He is **as tall as** I.
（彼は私と同じくらい背が高い）

28 比較の原級

▶ **not as [so]＋原級＋as ～**「～ほど…でない」

例 He is **not as [so] tall as** I.
（彼は私ほど背が高くない）

▶ **－ times as＋原級＋as ～**「～の－倍の…」

例 This river is **three times as long as** that one.
（この川はあの川の**3倍**の長さだ）
twice as＋原級＋as ～「～の2倍の…」
half as＋原級＋as ～「～の半分の…」

例 This river is **twice as long as** that one.
（この川はあの川の**2倍**の長さだ）

▶ **as＋原級＋as possible [－ can]**「できるだけ…」

例 He ran **as fast as possible**.
 ＝ He ran **as fast as he could**.
（彼は**できるだけ**速く走った）
※動詞が過去形のときは、「can」も過去形の「could」になることに注意。

6時間目

133

6時間目 グルメ or エステ 「比較級」「最上級」

29 比較級と最上級

> **KEY SENTENCE 29**
>
> Mary is **older than** Tom.
> メアリーはトム**よりも年上**だ。
>
> He runs **(the) fastest of** all the boys.
> 彼は男の子たちみんな**の中でいちばん速く**走る。

「比較級」と「最上級」を使った表現をあげてみたけど、覚えてる？
会話で使える表現がいっぱいあるから、ぜひとも押さえておきたいところだね。

身近な話題が多いので、練習しやすいです。

ここではアドバイスしたいことがいくつかある

んだ。

1つは、「(the) fastest」を見てわかるように、**副詞の最上級には「the」をつけなくてもいい**ということ。

もう1つは、「all」と「the」を並べるときには、**必ず「all the」の順にすること**。

「the all」ではダメなんですか？

絶対にダメだよ。「オールザ」「オールザ」と何度も唱えていれば、すぐに口から出るようになるからね。

それ以外の大切な点もまとめておくから、よく復習しておこう。

Column コラム 「女子校」を英語では？

英語では**「女子校」**や**「女子大」**はどういえばいいのでしょうか？
ここでは「'」の付け方に注意してください。

a girls' high school（女子校）× girl's
a women's college / university（女子大）× womens'

「女子校」「女生徒が複数いる高校」なので、「girls + 's」→「girls's」から重複している「s」を省いた形が正解です。
「women」は「woman」の複数形なので、「women's」ですね。

図解

比較級:2人[2つの物]を比べる形
最上級:3人[3つの物]以上の中で1番を選ぶ形

「比較級」を使った表現

▶ **A+動詞+比較級+ than +B「AはBよりも…」**

例 He is **taller than** I.
（彼は私よりも背が高い）

▶ **Which [Who] ... +比較級, A or B?**
「AとBと(では)どちらのほうが(より)…か？」

例 **A: Which** do you like **better**, tea **or** coffee?
（あなたは紅茶とコーヒーと、どちらのほうが好きですか？）
　B: I like coffee **better**. （コーヒーのほうが好きです）

+1 プラスワン 比較級の強調と like + better / best

▶ 比較級は「much」で強める

例 He is **very tall**. （彼はとても背が高い）
　→ He is **much taller** than I. （彼は私よりずっと背が高い）

▶ 動詞「like」を強めるときは比較級（**better**）、最上級（**best**）を使う

復習できたらチェック！ ■

29 比較級と最上級

「最上級」を使った表現

▶ (the ＋) 最上級 ＋ of [in]
〜「〜の中でいちばん…」

例 Tom is **the tallest in** his class.
（トムはクラスの中でいちばん背が高い）

- **in ＋「範囲・場所」を表す語**
  in my class
  「私のクラスの中で」
  in his family
  「彼の家族の中で」

- **of ＋「複数」を表す語**
  (all・複数名詞・数など)
  of all「すべての人［物］の中で」
  of all the boys
  「すべての少年の中で」

▶ Which [Who] ...
＋ (the ＋) 最上級, A, B or C?
「A、B、C の中でどれ［誰］がいちばん…か？」

例 A: **Which** is **the largest**, Tokyo, Osaka **or** Nagoya?
（東京、大阪、名古屋の中でどれがいちばん大きいですか？）
B: Tokyo is.（東京です）

6時間目

例 I **like** tennis very **much**.（私はテニスがとても好きだ）
→ I like tennis **better than** baseball.
（私は野球よりテニスのほうが好きだ）
→ I like tennis (the) **best of** all sports.（私はすべてのスポーツの中で、テニスがいちばん好きだ）

6時間目　グルメ or エステ 「比較級」「最上級」

30 比較級・最上級の作り方

KEY SENTENCE 30

Who are **the** ten **best** hitters?
ベストテンに入っている打者は誰ですか？

「-er / -est」のつけ方は、動詞の「s(es)」や「ed」のつけ方と似てるところがいくつかあるんだ。ところで、「短母音」って何だか覚えてる？

短く発音する「ア・イ・ウ・エ・オ」ですよね。

そのとおり。じゃあ、「音節」は知ってるかな？手元の辞書で「famous」と「beautiful」を引

いてごらん。単語の間に「・」が入っているだろう？

入ってます！ 「fa・mous」「beau・ti・ful」という形になってます。

音節とは、**前後に多少とも切れ目が感じられる発音上の単位**をいうんだ。

「famous」をゆっくり発音してみると、「フェイ・マス」と2つ（2音節語）に分かれる。そして、2つの部分は**それぞれ母音を持っている**んだ。

「beautiful」も「ビュー・ティ・フル」ですね。

そう。ここでは**「beautiful」のような3音節以上の語や、語尾が「-ful、-less、-ing、-ive」などの語は、「more / most」をつけて比較級や最上級にする**ことを覚えておこう。

図解 1音節の語・2音節の語:規則変化と不規則変化がある
3音節以上の語:more / mostをつける

比較級・最上級の作り方

▶ **原級＋ -er / -est**
　例 tall（背の高い） ➡ tall**er** ➡ tall**est**

▶ **〈e〉の語尾＋ -r / -st**
　例 larg<u>e</u>（大きい） ➡ larg**er** ➡ larg**est**

▶ **〈子音字＋y〉の語尾 ➡ 「y」を「i」にかえて＋
　-er / -est**
　例 hap<u>py</u>（幸福な） ➡ happ**ier** ➡ happ**iest**

+1 プラスワン　比較の書きかえ

① 「東京は日本でいちばん大きい都市だ」
(1) Tokyo is **the largest** city **in** Japan.
(2) Tokyo is **the largest of** all the cities **in** Japan.
(3) Tokyo is **larger than any other** city **in** Japan.
(4) **No (other)** city in Japan is **larger than** Tokyo.
(5) **No (other)** city in Japan is **as [so] large as** Tokyo.

② He ＞ I
(1) He is **taller than** I.（彼は私よりも背が高い）
(2) I am **shorter than** he.（私は彼よりも背が低い）
(3) I am **not as [so] tall as** he.（私は彼ほど背が高くない）

復習できたらチェック！

30 比較級・最上級の作り方

▶ **〈短母音＋子音字〉の語尾 ➡ 子音字を重ねて＋-er / -est**
  例 hot（熱い）➡ hot**ter** ➡ hot**test**

▶ **3音節以上の長い語 ➡ more / most ＋原級**
  例 beautiful（美しい）➡ **more** beautiful
  ➡ **most** beautiful
  ※他に difficult（難しい）、interesting（おもしろい）、important（重要な）など

▶ **2音節の語の一部 ➡ more / most ＋原級**
  例 famous（有名な）➡ **more** famous
  ➡ **most** famous
  ※他に careful（注意深い）、useful（役に立つ）、careless（不注意な）、honest（正直な）など

▶ **形容詞＋ ly ＝ 副詞になる語 ➡ more / most ＋原級**
  例 slowly（遅く）➡ **more** slowly ➡ **most** slowly

▶ **不規則変化**
  例 good（よい）/ well（よく）➡ better
  ➡ best ※well 形 健康で
  many（多数の）/ much（多量の）➡ more
  ➡ most
  bad（悪い）/ ill（悪く）➡ worse
  ➡ worst ※ill 形 病気で
  little（少量の）➡ less ➡ least

6時間目

6時間目 グルメ or エステ 「感嘆文」

31 感嘆文の作り方

KEY SENTENCE ㉛

What a beautiful flower this is!
これは**なんて**美しい**花なのだろう**!

 「What」と「How」ではじまる「感嘆文」の**しくみのちがい**を押さえて、この時間は終わりにしよう。

例 ① She is a very pretty **girl**.
  → **What** a pretty **girl** she is!
  (彼女は**なんて**かわいい<u>少女</u>**なのだろう**!)
② She is very pretty.

→ **How** pretty she is!
（彼女は**なんて**かわいい**のだろう！**）

例を見ると、①は感嘆文に書きかえる前の文に「名詞」が入ってるけど、②はどこにもないよね。
つまり、**名詞のあるなし**が「What」と「How」ではじまる文の大きなちがいなんだ。

「名詞」の入ってる文を感嘆文にするときは**「What」**を使い、「名詞」の入ってない文は**「How」**を使えばいいんですね！　わかりました！

ポイントは、なんといっても**「名詞」**を見つけられるかどうかだ。名詞が見つかれば、必ず直前に形容詞があるから**「形容詞＋名詞」**探しは**簡単**。
144〜145ページの手順でやれば、**絶対に間ちがうことはない**よ。

図解 感嘆文への書きかえの手順

STEP 1

「very」に（　）をつけて消す

例 She is a (very) pretty girl.
　　She is (very) pretty.

STEP 2

（　）の直後にある「形容詞＋名詞」を探す
(1) ある場合 ➡ **What ～!**
(2) ない場合 ➡ **How ～!**

STEP 3

(1)「形容詞＋名詞」を「What」の直後につける
例 What **a pretty girl** ～!
(2)「形容詞」または「副詞」を「How」の直後につける
　　How **pretty** ～!

復習できたらチェック！

31 感嘆文の作り方

STEP 4

文頭にある「主語＋動詞」を STEP 3 (1) (2) の直後につける

例 What a pretty girl **she is**!
　　How pretty **she is**!

Point! 「What～！」⇔「How～！」の書きかえ

同じ内容の文を、「What～！」でも「How～！」でも表現できる。What ではじめるときには、必ず後に「形容詞＋名詞」をつけること。

What a long pencil this is!
　　　「形容詞＋名詞」
（これは**なんて長い鉛筆**なのだろう！）
= **How long** this pencil is!
　　（この鉛筆は**なんて長いのだろう**！）

What a good swimmer he is!
　　　「形容詞＋名詞」
（彼は**なんて上手な泳ぎ手**なのだろう！）
= **How well** he swims!
　　（彼は**なんて上手に泳ぐのだろう**！）

6時間目

「比較」「最上級」「感嘆文」のまとめ

6時間目に習った KEY SENTENCE をおさらいしましょう。
復習したら □ にチェック！

㉘ Mary is **as** tall **as** Kate. □
　メアリーはケイトと**同じ**背の高さだ。

㉙ Mary is **older than** Tom. □
　メアリーはトム**よりも年上**だ。

　He runs **(the) fastest of** all the boys. □
　彼は男の子たちみんな**の中でいちばん速く**走る。

㉚ Who are **the** ten **best** hitters? □
　ベストテンに入っている打者は誰ですか？

㉛ **What** a beautiful flower this is! □
　これは**なんて**美しい花**なのだろう**！

7時間目

愛されるよりも愛したい「受動態」

目標に向かって進んでいますか？

こうと決めたらそれに向かって猪突猛進、おおいに結構です。でも、ちょっと待ってください。2歩進んでは立ち止まり、相手の反応を待つ。たまにはそんな「受け身」の姿勢も必要なのでは…。あなたの人生にも心の余裕を！

7時間目 愛されるよりも愛したい 「受動態」

32 能動態と受動態

KEY SENTENCE ㉜

This letter was written by Tom.
この手紙はトムによって書かれた。

7時間目はまず**「受動態」**の話から入ろう。

「受け身」ですね。

そう。まずは**「能動態」**と**「受動態」の違い**を復習しておこうか。
「能動態」の文である**「Tさんはあなたを愛している」**は、**動作を行うTさんを中心に物事**

を考えていることになるね。

ところが「受動態」というのは、**動作の受け手である君のほうにスポットライトが当てられ、「あなたはTさんに愛されている」**と立場が逆転してしまう。

きゃ、恥ずかしい（笑）。

でも、内容はまったくかわらないし、英文を読むときはもちろん、会話でも受動態に出会うことはけっこう多いんだ。

150ページの「矢印」の図を、イメージとして目に焼きつけておこう。

Column コラム　大きな図書館をお持ちですね？

あなたがもし「You have a large library.」といわれたら、どのように反応しますか？「えっ、私が大きな図書館を持ってる？ この人、何いってるんだろ？」と一瞬考え込んでしまいますね？

一般的に私たち日本人は、「library＝図書館」と機械的に覚えているので、こんな場合に思考力が鈍ってしまうのです。ここでは「（個人の）蔵書」という意味で、「本をたくさんお持ちですね」になります。

図解 受動態の作り方

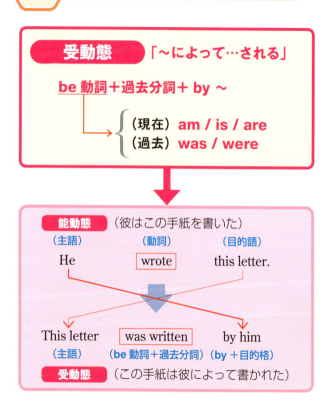

32 能動態と受動態

STEP 1
能動態の「目的語」を「主語（人称代名詞の目的格は主格）」にする

STEP 2
「現在」「過去」「未来」「助動詞の有無」を確認する

STEP 3
動詞の形をかえる
(1) 現在の場合 　➡　 **am / is / are ＋過去分詞**
(2) 過去の場合 　➡　 **was / were ＋過去分詞**
(3) 未来の場合 　➡　 **will be ＋過去分詞**
(4) 助動詞の場合　➡　 **can [may / must など] be ＋過去分詞**

STEP 4
「by ＋能動態の主語（主格は目的格に）」を最後につける

!注意　目的語がない文は受動態にはできない！

7時間目 愛されるよりも愛したい 「受動態」

33 by +目的格が省略される場合

KEY SENTENCE ㉝

English is spoken in Canada.
英語はカナダで話されている。

じゃあ、今度は次の文を受動態にしてごらん。
例 We can see tigers in the zoo.

ええと、Tigers can be seen in the zoo by us.
ですよね。

だんだん受動態を思い出してきたね。
でも、「by us」はいらないんだ。

そういえば、「by ～」が省略される場合を習った記憶が…。

よく思い出したね。
例では、主語の「We」が**「一般の人々」**を表してるから**「by us」が省略**されるんだ。
他には、**前後関係から行為者が推測できたり、行為者がわからない場合**も「by ～」はつけないよ。
ところで、「不規則動詞変化表」（→p.37 参照）のおさらいは、もう終わったの？

通勤電車のなかで、ほとんどチェックしました。

単語暗記は、通勤・通学電車のなかといった、コマギレ時間を使うのが一番だよ。
受動詞は過去分詞を知らないとお手上げだからね。

図解 受動態の「by＋行為者」の省略

▶ **漠然と一般の人々を表す場合**

例 <u>They</u> speak English in Canada.
主語の They は「カナダに住んでいる人、カナダの国民」を表している
　➡ English **is spoken** in Canada.
（英語はカナダで**話されている**）

▶ **前後関係から行為者が推測できる場合**

例 <u>They</u> sell sugar at that shop.
主語の They は「店の人」を表している
　➡ Sugar **is sold** at that shop.
（砂糖はあの店で**売られている**）

復習できたらチェック! ■

33 by +目的格が省略される場合

▶ **行為者が不明の場合**

例 The island **was discovered** in 1540.
（その島は 1540 年に**発見された**）

+1 プラスワン 助動詞のある受動態

助動詞のある文の受動態では、be動詞は原形の be を使う。

例 You drive the car.（あなたは車を運転する）

The car　　**is driven** by you.
　　　　　「**be動詞＋過去分詞**」

（その車はあなたによって**運転される**）

The car **must be driven** by you.
　　　　「助動詞＋ be ＋過去分詞」

（その車はあなたによって**運転されなければならない**）

7時間目 愛されるよりも愛したい 「受動態」

34 目的語が2つある場合の受動態

KEY SENTENCE ㉞

She was given this present by Tom.
彼女はトムにこのプレゼントをもらった。

give や teach など、**目的語を2つとって「人に物を〜する」という意味を表す動詞**は、2つの目的語のどちらを主語にするかで、**2通りの受動態を作ることができる**んだ。

KEY SENTENCE では、「人」が主語で、「物」が後にきていますね。

156

そう。逆に、「物」を主語にした場合は、**This present was given to her by Tom.** というように、後に「to ＋人」か「for ＋人」をつけるんだ。

to と **for** の使い分けがわかりません…。

実は、**動詞によって、「to」と「for」のどちらを使うかが決まっている**んだ。
159ページにまとめておいたから、「矢印」の図と一緒におさらいしておこう。

「留学する」「外食する」はどういう？

「夏には短期留学したいね」とか「夜は外食しない？」は、英語でどういえばいいのでしょうか？「外国へ行く→ go abroad」「海外旅行をする→ travel abroad」から推測してみてください。

留学の目的は、遊びではなくもちろん勉強ですね。だから「留学する→外国で勉強する」と考えればいいのです。そう、「study abroad」ですね。「外食する」は外で食べるから「eat out」になります。どうですか、簡単でしょう？

それぞれの目的語を主語にして
2通りの受動態を作ることができる

① 「人」を主語にする
  → 人＋ be 動詞＋過去分詞＋物
② 「物」を主語にする
  → 物＋ be 動詞＋過去分詞＋ to / for ＋人

能動態 （彼は彼女に花をあげた）	He	gave	**her**	a flower.
受動態① （彼女は彼に花をもらった）	**She**	was given		a flower by him.
受動態② （花は彼によって彼女に贈られた）	**A flower**	was given to	**her**	by him.

Column コラム 「ミス」っちゃった！

「miss」は列車に乗り遅れるなど、「〜しそこなう」という意味がよく知られています。では、次の文はどんな意味になると思いますか？

I'll miss you very much.

「あなたを捕まえそこなう」なんてとんでもない！　そんな無粋な。もっとロマンスを感じさせる意味になります。恋人と別れるときなどに使ってください。

「あなたが**いなくなると**、とても**寂しくなるわ**」

34 目的語が2つある場合の受動態

Point! 「to」と「for」の使い分け

▶ **「to」を使う動詞（動作の方向「～に向かって」）**

例 give（与える）、lend（貸す）、send（送る）、show（見せる）、teach（教える）、tell（話す）など

A letter was sent **to** him by me.
（手紙は私によって彼に送られた）

▶ **「for」を使う動詞（利益「～のために（…してあげる）」）**

例 buy（買う）、cook（料理する）、get（手に入れる）、make（作る）など

This cake was made **for** me by my mother.
（このケーキは母によって私のために作られた）

⚠️ 注意

「for」を使う動詞は、一般に「人」が主語の受動態を作れない！

I was bought ～（私は買われた）
I was made ～（私は作られた）
She was cooked ～（彼女は料理された）
｝ ×不自然

7時間目 愛されるよりも愛したい 「受動態」

35 受動態の否定文と疑問文

KEY SENTENCE ㉟

By whom was America discovered?
誰によってアメリカは発見されたのか?

次に受動態の「否定文」と「疑問文」の作り方を説明しよう。

何かコツがあるんですか?

うん。まず、能動態の否定文や疑問文をいきなり受動態にしないで、**ふつうの文(肯定文)に直す**こと。

そして、**いったん受動態にしてから疑問文にしたり、「not」をつけて否定文にしたり**するほうが間違えなくていいよ。

けっこう面倒なんですね。

もちろん、慣れるまでの話だよ。
慣れてきたら、頭の中で一気に書きかえられるようになるから安心して。

Column コラム 花婿（はなむこ）は憂うつなの？

教会で永遠の愛を誓い合う花嫁と花婿。2人の笑顔ははちきれんばかりです。ところが花婿の心のなかが本当は「憂うつ」な状態だとしたら…。それは大変なことです。

「花嫁」ジューンブライドで知られているように、英語では**「bride」**といい、**「花婿」**は**「bridegroom」**になります。そこでちょっといたずらをしてみましょう。「groom」の「r」を「l」に変えるのです。あらら「gloom（憂うつ）」になってしまいました。単語の元の形は「bridegloom」だったりして…。

図解 肯定文に直し、いったん受動態にしてから否定文・疑問文にする

否定文の作り方

否定文 主語＋ be 動詞＋ not ＋過去分詞＋ by

例 **You don't [didn't] use this pencil.**
（あなたはこの鉛筆を使わない［使わなかった］）

➡ （肯定文）
You **use [used]** this pencil.

➡ （受動態）
This pencil **is [was] used** by you.

➡ （受動態の否定文）
This pencil **isn't [wasn't] used** by you.

疑問文の作り方

疑問文 be 動詞＋主語＋過去分詞＋ by 〜？

例 **Do [Did] you use this pencil?**
（あなたはこの鉛筆を使いますか［使いましたか］？）

➡ （肯定文）
You **use [used]** this pencil.

➡ （受動態）
This pencil **is [was] used** by you.

35 受動態の否定文と疑問文

➡ (受動態の疑問文)

Is [Was] this pencil **used** by you?

例 When did he build the house?
(彼はいつその家を建てましたか？)

➡ (肯定文)

He built the house.

➡ (受動態)

The house **was built** by him.

➡ (受動態の疑問文)

Was the house **built** by him?

➡ (受動態の疑問文)

When was the house **built** by him?

例 What did he eat?（彼は何を食べましたか？）

➡ (肯定文)　　　　　　He **ate what**.
➡ (受動態の疑問文)　**What was eaten** by him?

例 Who discovered America?
(誰がアメリカを発見しましたか？)

➡ (受動態)

America **was discovered by whom**.

➡ (受動態の疑問文)

By whom was America **discovered**?

7時間目　愛されるよりも愛したい　「受動態」

36 動詞句の受動態

KEY SENTENCE 36

I was laughed at by him.

私は彼に笑われた。

それじゃ、次の文を受動態にしてみようか。
例 He laughed at me.（彼は私を笑った）

ええと、I was laughed by him. でしょうか。

あれ、「at」はどこに消えちゃったのかな？
動詞に前置詞などが結びついて他動詞の働きをする「動詞句」は、**そのかたまりのまま受動態**

にするんだよ。

正解は、I **was laughed at** by him. だね。

 動詞句（動詞＋前置詞など）は、全体を1つの動詞として扱う

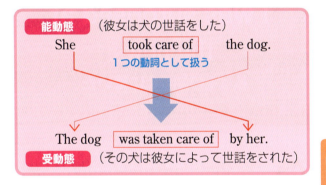

 上記の例文のように3語からなる動詞句も、1語の単語扱いにすればいいんだよ。
 took care of のように全体を 　　　　 で囲んでから動詞句を作るようにする。
そうすれば、「of」を「took care」から離すような間違いはなくなるからね。

7時間目 愛されるよりも愛したい 「受動態」

37 by 以外を使う受動態

KEY SENTENCE 37

I was surprised at the news.

私はその知らせに驚いた。

同じ受動態でも、行為者を表す「by（〜によって）」の代わりに、「at / to / with」などが使われる場合もあるんだ。

えぇー、そうなんですか!?

うん、でも数は限られているから、熟語として覚えてしまえば大丈夫だよ。

復習できたらチェック！

図解 by以外を使う受動態

例

▶ The ground **is covered with** snow.
（地面は雪で**覆われている**）

▶ I **am interested in** baseball.
（私は野球**に興味を持っている**）

▶ The doctor **is known to** everyone.
（その医者はみんな**に知られている**）

▶ I **am satisfied with** my school.
（私は学校**に満足している**）

▶ I **was surprised at** the noise.
（私はその物音**に驚いた**）

▶ This desk **is made of** wood.
（この机は木で**できている**）

※一見して「材料」が何であるかわかる場合
（机の材料→木）➡「of」

▶ Butter **is made from** milk.
（バターは牛乳**から作られる**）

※一見して「原料」が何であるかわからない場合
（バターの原料→牛乳）➡「from」

7時間目

「受動態」のまとめ

7時間目に習った KEY SENTENCE をおさらいしましょう。
復習したら □ にチェック！

㉜ This letter **was written by** Tom.
この手紙は**トム**によって**書かれた**。

㉝ English **is spoken** in Canada.
英語はカナダで**話されている**。

㉞ She **was given** this present **by** Tom.
彼女は**トム**にこのプレゼント**をもらった**。

㉟ **By whom was** America **discovered**?
誰によってアメリカは**発見されたのか**？

㊱ I **was laughed at by** him.
私は彼に**笑われた**。

㊲ I **was surprised at** the news.
私はその知らせに**驚いた**。

8時間目

役割たくさんの働き者「不定詞」「動名詞」

七変化の不定詞と動名詞を使って会話をエンジョイ！

　中学時代、こんなふうに思いませんでしたか？　「不定詞ってわかりにくい！」「不定詞と動名詞はどうちがうの？」。でも、難しく考えることはありません。「不定詞」と「動名詞」を使いこなして、バラエティーに富んだ会話を楽しみましょう！

38 不定詞①
名詞と同じ働きをする

8時間目 役割たくさんの働き者 「不定詞」

> KEY SENTENCE 38
>
> # My dream is **to be** a movie star.
> 私の夢は映画俳優になることだ。

ここからは「**不定詞**」と「**動名詞**」を説明していくよ。
中学・高校で習うけど、「わかりにくい」って思う人が多いみたいだね。

不定詞って、「〜用法」がいくつもあるから混乱しちゃうんです。動名詞もよく似てるから、よけいにわからなくなっちゃって。

用法の名前は覚えなくていいよ。
まずは**3種類の意味がある**ことだけを確認しよう。

> ① **名詞と同じ働き**「～すること」
>
> ② **副詞と同じ働き**「～するために、～して」
>
> ③ **形容詞と同じ働き**「～するための、～すべき」

このレッスンでは、①の**「名詞と同じ働き」**をする不定詞について復習するよ。
172ページに3つの例をまとめたから、形をよく見て覚えておこう。

これなら覚えられそうです！

図解 名詞と同じ働きをする不定詞: 主語・目的語・補語になる

3つの働き

名詞を置くべき「**主語・目的語・補語**」のところに、**不定詞「to＋動詞の原形」**が入っていることに注目！

▶ **主語になる「〜することは」**

例 English is easy.（英語は簡単だ）
　 To study English is easy.
　（英語を勉強することは簡単だ）

▶ **目的語になる「〜することを」**

例 I like English .
　（私は英語が好きだ←英語を好む）
　 I like to study English .
　（私は英語を勉強するのが好きだ←することを好む）

▶ **補語（主語の意味を補う語）になる「〜することだ」**

例 He is a teacher .（彼は先生だ）
　 My hobby is to collect stamps .
　（私の趣味は切手を集めることだ）

38 不定詞①名詞と同じ働きをする

上例の主語と補語になる形は、「is」を中心に左の □ と右の □ に「動詞の原型」がくる特徴的な形をしているね。

だから、「is」をヒントに会話文を組み立てると簡単なんだ。目的語になる形は「like ／ want ／ begin ／ start ＋不定詞」の形がよく使われるから、チェックしておこう。

Column コラム 「on」＝「上」？

「on」は「〜の上に」という意味から、机やテーブルの上に置かれた物だけを頭に浮かべる人も多いと思います。しかし、**「on」は上に限らず、表面に接していることを表します。**

たとえば、テーブルの上の花びんだけでなく、**壁に掛けた絵や天井に止まったハエ**なども「on」で表すことができます。

8時間目 役割たくさんの働き者 「不定詞」

39 不定詞②
副詞と同じ働きをする

KEY SENTENCE 39

I am glad to meet you.
私はあなたに会えてうれしい。

次は、**「副詞と同じ働き」**をする不定詞を説明しよう。

右の例の「to play tennis」と「to hear that」は、「I came here」や「I was surprised」の後に、**「目的」**や**「原因・理由」**をはっきりさせるためにつけ加えたものと考えるとわかりやすいんじゃないかな。

| 復習できたらチェック！ |

 副詞と同じ働きをする不定詞：
「目的」「原因・理由」を表す

2つの働き

▶**目的を表す「〜するために」**

例 I came here **to play** tennis. ＜動詞を修飾＞

（私はテニスを**するために**ここへきた）

※ go「行く」、come「くる」などの自動詞がよく使われる。

▶**原因・理由を表す「〜して」**

例 I was surprised **to hear** that.

＜形容詞・過去分詞を修飾＞

（私はそれを**聞いて**驚いた）

※ be glad [happy] to 〜「〜してうれしい」、be surprised to 〜「〜して驚く」などの感情を表す形容詞や過去分詞がよく使われる。

8時間目

40 不定詞③ 形容詞と同じ働きをする

KEY SENTENCE ㊵

I want something to drink.
私は何か飲み物がほしい。

今度は、「**形容詞と同じ働き**」をする不定詞だ。形容詞は、a **new** car「**新しい**車」のように、名詞の前に置くのがふつうなんだけど、**名詞の後に置く場合**もあったね。覚えてる？

「~ thing ＋形容詞」の形ですね（→ p.111 参照）。

そう。それと同じように、形容詞と同じ働きを

する不定詞の大きな特徴は、名詞・代名詞の直後に置かれた**「to＋動詞の原形」が後から名詞・代名詞を修飾する**ことなんだ。

> **図解** 形容詞と同じ働きをする不定詞：
> 修飾する名詞・代名詞の直後に置かれる

３つの働き

例 I want **something** to eat.
（私は**何か食べる物**[食べるための何か]がほしい）
※不定詞と形容詞がともにつく場合は「～thing＋形容詞＋不定詞」の語順
　Give me **something** hot to drink.
　（**何か熱い飲み物**をください）

例 I have **time** to play tennis.
（私はテニスを**する時間**[するための時間]がある）

例 He has no **house** to live in.
（彼は**住む家**[中に住むための家]がない）
※「to＋動詞の原形」の直後に前置詞がつく場合
　sit **on** a chair　➡　a chair to sit **on**
　（座るいす＝上に座るためのいす）
　play **with** a friend　➡　a friend to play **with**
　（遊び友達＝いっしょに遊ぶための友達）

8時間目

8時間目 役割たくさんの働き者 「不定詞」

41 疑問詞＋不定詞の形

KEY SENTENCE ㊶

I don't know
what to make.
私は何を作ったらよいかわからない。

「疑問詞＋不定詞（to＋動詞の原形）」は、**know「～を知っている」**や**learn「～を学ぶ」**の目的語となることが多いんだ。セットで覚えておこう。

また、右ページの**「how to」**は「どうやって／したらよいか」がもとの意味だけど、**「～のしかた」「～する方法」**と訳すほうが自然だからね。

復習できたらチェック！

 疑問詞+不定詞：know / learnの目的語となることが多い

疑問詞+不定詞

▶ **how to +動詞の原形「～のしかた」**
例 I learned **how to make** a doll.
（私は人形の**作り方**を習った）

▶ **what to +動詞の原形「何を～したらよいか」**
例 I don't know **what to do**.
（私は**何をしたらよいか**わからない）

▶ **which to +動詞の原形「どちらを～したらよいか」**
例 She didn't know **which to choose**.
（彼女は**どちらを選んだらよいか**わからなかった）

▶ **when to +動詞の原形「いつ～したらよいか」**
例 Please tell me **when to sit down**.
（**いつ着席したらよいか**教えてください）

▶ **where to +動詞の原形「どこへ～したらよいか」**
例 He didn't know **where to go**.
（彼は**どこへ行ったらよいか**わからなかった）

8時間目 役割たくさんの働き者 「不定詞」

㊷ 動詞＋人＋不定詞の形

KEY SENTENCE ㊷

She asked me to help her.

彼女は私に手伝うように頼んだ。

「動詞＋人＋不定詞（to＋動詞の原形）」の形では、**動詞の後の「人」は、不定詞の意味上の主語になるんだ。**

右の例の2つの文を比較してみてね。

復習できたらチェック！

 動詞＋人＋不定詞：動詞の後の「人」は不定詞の意味上の主語になる

動詞＋人＋不定詞

例 I want　　to buy a book. (I buy = 私が買う)
（私は本を買いたい）

例 I want you to buy a book. (You buy = あなたが買う)
（私はあなたに本を買ってもらいたい）

※本を買う人が違っていることに注目
 want ＋人＋ to ＋動詞の原形「人に〜してもらいたい」
 tell ＋人＋ to ＋動詞の原形「人に〜するようにいう」
 ask ＋人＋ to ＋動詞の原形「人に〜するように頼む」

 不定詞を使ったその他の表現

▶ too ＋形容詞［副詞］＋ to ＋動詞の原形
 ＝ so ＋形容詞［副詞］＋ that ＋主語＋ can't ＋動詞の原形「あまりに…なので〜できない」

例 I am **too** tired **to** walk.
 ＝ I am **so** tired **that** I **can't** walk.
（私は**あまりに**疲れている**ので**歩け**ない**）

8時間目

8時間目 役割たくさんの働き者 「動名詞」

43 動名詞の基本

> **KEY SENTENCE 43**
>
> I enjoy **singing** in Karaoke boxes.
> カラオケボックスで**歌うの**は楽しい。

不定詞の次は**「動名詞」**だ。
名前のとおり、**動詞と名詞の両方の働きをする**よ。
まずおさらいすると、「動名詞」は「不定詞」ととても仲がいいんだ。

どういう意味ですか？

「名詞と同じ働きをする不定詞」のほとんどが

動名詞に置き換えられるんだよ。
でも、**「目的語」になる場合だけは注意が必要**だ。
動詞によっては、不定詞か動名詞のどちらかとしか仲良くできないものもあるからね。

まるで人間関係みたいですね（笑）。

目的語に不定詞をとるか、動名詞をとるかで意味のかわる動詞もあるんだ。
184～185ページに全部まとめておいたから、読んで整理しておこう。

Column コラム　本気なの？

名詞の「kid」には「子ヤギ」や人間の「子ども」という意味があります。ところが動詞になると、**「からかう」「冗談をいう」**の意味にかわります。人の話を聞いて驚いたりしていたとき、「You're kidding！」とか「Are you kidding？」などと使います。日本語では**「冗談でしょう？」「まさか！」「本気なの？」**がぴったりです。

図解 動名詞：動詞の原形+ing

動詞 + 名詞 = 動名詞
（名詞と同じ働きをする）

動詞	動名詞
go（行く）	going（行く<u>こと</u>）
make（作る）	making（作る<u>こと</u>）

① **名詞と同じ働きをする：「〜すること」**
＜主　語＞[　　　]ing is _____.
＜補　語＞主語＋ is [　　　]ing.
＜目的語＞主語＋動詞＋ [　　　]ing.

② **前置詞の目的語になる**
前置詞＋[　　　]ing

例 I am fond **of** studying English.
（私は英語を勉強するのが好きだ）

①の3つの働きは不定詞と共通　　**一部例外除く**
➡ 「不定詞↔動名詞」の関係が成り立つ

例 To speak English is easy.（不定詞）
　 Speaking English is easy.（動名詞）
（英語を話すことは簡単だ）

Point! 動名詞と不定詞を目的語にとる動詞

▶**動名詞としか仲良くできない動詞：enjoy、finish、mind など**

例 He **finished writing** a letter.（彼は手紙を書き終えた）
　 Do you **mind waiting** for me?（私を待ってくれませんか？）

184

43 動名詞の基本

▶**不定詞としか仲良くできない動詞：want、wish、hope、decide など**

例 I hope to go there again.（私は再びそこへ行きたい）
He decided to be a writer.（彼は作家になろうと決心した）

▶**動名詞・不定詞の両方と仲良くできる動詞：like、love、begin、start など**

例 I like playing [to play] the piano.
（私はピアノを弾くのが好きだ）
It started snowing [to snow].
（雪が降りはじめた）

▶**動名詞と不定詞では意味の異なる動詞：stop、remember、forget**

(1) stop ～ing「～することをやめる」／ stop to ～「～するために立ち止まる」

例 He stopped smoking.
（彼はたばこを吸うのをやめた）
He stopped to smoke.
（彼はたばこを吸うために立ち止まった）

(2) remember ～ing「過去に～したことを覚えている」／ remember to ～「未来に～することを覚えている」

例 I remember seeing him.（私は彼に会ったことを覚えている）
Please remember to mail this letter.
（忘れずにこの手紙を出してください）

(3) forget ～ing「過去に～したことを忘れる」／ forget to ～「未来に～することを忘れる」

例 I'll never forget visiting this museum.
（私はこの博物館を訪れたことを決して忘れないだろう）
Don't forget to lock the door.
（ドアにかぎをかけるのを忘れるな）

8時間目 「不定詞」「動名詞」のまとめ

8時間目に習ったKEY SENTENCEをおさらいしましょう。
復習したら□にチェック！

㊳ My dream is **to be** a movie star. □
私の夢は映画俳優**になること**だ。

㊴ I am glad **to meet** you. □
私はあなたに**会えて**うれしい。

㊵ I want something **to drink.** □
私は何か**飲み**物がほしい。

㊶ I don't know **what to make.** □
私は**何を作ったらよいか**わからない。

㊷ She **asked** me **to help** her. □
彼女は私**に手伝うように頼んだ**。

㊸ I enjoy **singing** in Karaoke boxes. □
カラオケボックスで**歌うの**は楽しい。

時の過ぎゆくままに…
「現在完了」「付加疑問文」「間接疑問文」

現在完了は「過去」のこと、それとも「現在」のこと?

「過去」から「現在」までの動作・状態を表現する「現在完了」。その起点となる過去のある日を、そっとのぞいてみたいものですね。「現在完了」を使って小さな時間の冒険を!

9時間目 時の過ぎゆくままに… 「現在完了」

44 現在完了①　継続を表す

> **KEY SENTENCE ㊹**
>
> **I have known her for a year.**
> 私は1年前から彼女を知っている。

ここからは「**現在完了**」を説明しよう。
簡単に定義すると、現在完了は「**過去のある動作・状態の結果が現在に残っている**」ことを表す。つまり、**過去の事実を述べながらも、あくまで視点は「現在」に置いてる**んだ。

現在完了は現在の文ではないけれど、**現在を含む文**と考えればいいんですね。

そのとおり。下の基本形をおさらいしたら、まずは**現在完了の4つの使い方**のうち、最もわかりやすい**「継続」**から復習していこう。

> **現在完了の基本形**
> **肯定文：have / has ＋過去分詞**
> **否定文：have / has ＋ not ＋過去分詞**
> **疑問文：Have / Has ＋主語＋過去分詞～？**
> ― Yes, 主語＋ have / has.
>   No, 主語＋ haven't / hasn't.

190ページの例文を使って説明するよ。

「過去」は「3年前に東京に住んでいた」という**「過去の事実」だけを述べていて、「現在」のことは触れていない**。今も東京に住んでいるのか、他の場所に引っ越してしまったのか、この文だけではわからない。

「現在完了」は「3年前に東京に住んでいた」という**「3年前の状況」**が**「現在まで続いている」**ことを述べている。3年前に東京に住みはじめて、今も引き続き同じ場所に住んでいることがわかるんだね。

図解 現在完了の「継続」：過去のある時から現在まで、同じ状態が続いていることを表す

意味 「(今まで) ずっと~している [である]、(今まで) ~し続けている」

「現在」の立場から「継続」を表す

過去　　　例 ① I lived in Tokyo **three years ago**.
　　　　　　 （私は **3 年前**東京に住んでいた）
　　　　　　 [過去の事実]

現在　　　② I **still live** in Tokyo.
　　　　　 （私は**まだ**東京に住んでいる）[現在の状態]

現在完了　③ I **have lived** in Tokyo **for three years**.
　　　　　（私は **3 年間**東京に住んでいる）

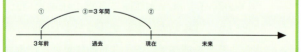

「東京に住んでいる」という「3 年前の状態」が「現在まで続いている」ことを表している

44 現在完了①継続を表す

Point! 「継続」でよく使う語句

▶ since「～以来」
例 I **haven't seen** him **since** last month.
（私は彼に先月**から**会っ**ていない**）

▶ for「～の間」
例 I **haven't seen** her **for** a long time.
（私は彼女に長い**間**会っ**ていない**）

▶ How long ～?「どのくらいの期間～か？」
例 **How long have** you **been** in Japan?
（あなた**はどのくらい**日本に滞在している**のですか？**）

Point! have [has] を使った短縮形

▶ have の短縮形
例 I have ⇒ I've   You have ⇒ You've
   We have ⇒ We've   They have ⇒ They've

▶ has の短縮形
例 He has ⇒ He's   She has ⇒ She's
   It has ⇒ It's

9時間目

9時間目 時の過ぎゆくままに… 「現在完了」

45 現在完了② 経験を表す

> **KEY SENTENCE ㊺**
>
> # Have you ever been to Greece?
>
> あなたはギリシャへ行ったことがありますか?

「現在完了」の**「経験」**も、あくまで**「現在」の立場から述べている**ことを忘れずに。
194〜195ページで例に挙げた3つの形を、よく使う語句と一緒にしっかり押さえておこう。

ところで先生、現在完了の「疑問文」は、もちろん「Do you have been 〜 ?」の形にはなりませんよね?

そうだよ。というのは、**現在完了で使う「have」は「助動詞」**だからなんだ。

「can」や「may」が主語の前に出て「Can I ～?」「May I ～?」になるのと同じことだね。

「持っている」の意味の have は、**「動詞」**だから「do」を使うんですね。

そうだね。

それじゃ、「否定文」も同じですね？

そう、**否定文**も、「don't have」や「doesn't have」を使わずに、**「haven't」「hasn't」**を使うんだ。

図解 現在完了の「経験」:過去から現在までの経験を表す

意味「(今までに) 〜したことがある」

「現在」の立場から「経験」を表す

▶ have / has been to 〜
「〜へ行ったことがある」

例 I **have been to** New York **before**.
(私は以前にニューヨークへ行ったことがある)

▶ Have / Has ＋主語＋ ever ＋過去分詞〜？
「今までに〜したことがありますか？」

例 **Have** you **ever** read this book?
(あなたはこの本を読んだことがありますか？)

45 現在完了②経験を表す

▶ **How many times have / has** ＋主語＋過去分詞 ～？
「何回～したことがありますか？」

例 **How many times have** you been to New York?
（あなたは**何回**ニューヨークへ行った**ことがあり
ますか？**）

Point! 「経験」でよく使う語句

▶ ever「今までに、かつて」
▶ never「1度も～ない」 ▶ before「以前に」
▶ often「しばしば」 ▶ once「1回」
▶ twice「2回」 ▶ ～ times「～回」 など

9時間目 時の過ぎゆくままに… 「現在完了」

46 現在完了③ 完了を表す

> **KEY SENTENCE ㊻**
>
> # The concert has already started.
> コンサートはもうはじまっていた。

「現在完了」の**「完了」**も、「何かをやり終えた」状態が**今も続いている**と考えれば同じことだね。

基準はやっぱり「現在」にあるということですね。

そのとおり。「完了」を表す文でよく使われる語句も 198 〜 199 ページで復習しておこう。これらが置かれる位置は間違えやすいからね。

先生、「I already have ～」とするのは間違いですよね？

そう。どういうわけか、「have / has」と「過去分詞」はくっついて離れず、その間に他の語句を入れてはいけないと思い込んでいる人が多いんだ。
「haven't」の「not」と同じ位置に置く、と覚えておくと簡単でいいかもしれないね。

なるほど、これなら覚えられそう！

> **過去**
>
> I washed the car yesterday.（昨日車を洗った）
> ※昨日、車を洗ったという「過去の事実」だけを述べている。今日はまた汚れているかもしれない。
>
> **完了**
>
> I **have just washed** the car.（車をちょうど洗ったところだ）
> ※車を洗ったという動作が「**たった今完了した**」ことを表現している。今、車はピカピカに光っている状態である。

図解 現在完了の「完了」：動作が今、完了したことを表す

意味 「(今)～したところだ、～してしまった」

「現在」の立場から「完了」を表す

I **have just written** a letter.
（私は**ちょうど**手紙を**書き終えたところだ**）

I **have already written** a letter.
（私は**もう**手紙を**書き終えてしまった**）

Have you **written** a letter **yet**?
（あなたは**もう**手紙を**書き終えてしまいましたか？**）

I **haven't written** a letter **yet**.
（私は**まだ**手紙を**書き終えていない**）

復習できたらチェック！ □

46 現在完了③完了を表す

> **Point!** just already, yet の位置

▶ **just「ちょうど」、already「もう」**
➡ have / has と過去分詞の間に置かれる

（**ちょうど**〜したところだ）

have / has { **just** / **already** } ＋過去分詞

（**もう**〜してしまった）

▶ **yet「もう、まだ」**
➡ 文末に置かれる
Have / Has ＋主語＋過去分詞〜＋ **yet**?
（**もう**〜してしまったか？）
have / has not ＋過去分詞〜＋ **yet**
（**まだ**〜していない）

9時間目 時の過ぎゆくままに… 「現在完了」

47 現在完了④
結果を表す

「現在完了」の「結果」を説明するよ。
次の2つの文を比べてみよう。

例 He has gone to America.
   He went to America.

上の文は、「アメリカへ行った」結果として、現在「ここにいない」という意味を表しているんだ。

下の文の場合、彼は今どこにいるんですか？

なかなかいい質問だね。
この文は**「過去の事実」を述べただけで、現在のことには触れていない**。だから、彼は今帰っているかもしれないし、帰っていないかもしれない。**単なる過去形の文からは現在のことはわからないんだ。**

すごくよくわかりました！

そうそう、もう1つだけ。
現在完了は「yesterday」や「last year」など、はっきりと過去を表す語句とはいっしょに使えないんだ。よく覚えておこう。

Column コラム　勉強はどこでする？

「study（勉強する）」という単語は中学で習うので誰でも知っていますね。名詞は「勉強」以外に**「書斎、勉強部屋」**という意味もあります。

では、「book（本）」の動詞はどんな意味になるのでしょう。日本でも、旅行代理店などでよく使っています。「ブッキング（booking）」がそれです。**「部屋・座席・切符などを予約する」**という意味で使います。

現在完了の「結果」：過去の動作の結果が現在も残っていることを表す

意味　「〜してしまって（その結果、今は）〜である」
「〜してしまった、〜になった、〜した」

「現在」の立場から「結果」を表す

過去　例 ① He **went** to America.
（彼はアメリカへ行った）［過去の事実］

現在　② He **isn't** here **now**.
（彼は今ここにいない）［現在の状態］

①+②

現在完了　③ He **has gone** to America.
（彼はアメリカへ行ってしまった ➡ そして今、ここにいない）

She **has become** a teacher.
（彼女は先生になった ➡ 今も先生である）

I **have lost** my watch.
（私は時計をなくしてしまった ➡ 今もそれを持っていない）

❹ 現在完了④結果を表す

> The doctor **has come**.
> (医者が きた ➡ 今もまだいる)

現在完了で使えない語句

when「いつ」、**yesterday**「昨日」、**~ ago**「~前」、**last ~**「この前の~」、**just now**「たった今」 など

※ただし、since（~以来）を使った <u>since</u> yesterday や <u>since</u> last week は使用可。

▶私は**昨日**このカメラを買いました。
　○ I **bought** this camera **yesterday**.
　× I <u>have bought</u> this camera **yesterday**.

▶あなたは**いつ**このカメラを買いましたか？
　○ **When** did you **buy** this camera?
　× **When** <u>have</u> you <u>bought</u> this camera?

⚠注意
疑問詞 when は「特定の日時（＝点）」を聞いているので、「線」を表す現在完了とはいっしょに使えない。

9時間目 時の過ぎゆくままに…「付加疑問文」

48 付加疑問文の基本

KEY SENTENCE ㊽

It's nice today, isn't it?
今日はいい天気ですね。

 次は、「**付加疑問文**」に入ろう。
付加疑問文というのは、**「〜ですね」と相手に念を押したり、同意を求めたりする文**だったね。

 はい、でも、作り方をちゃんと覚えてなくて…。

 「be動詞」の場合は、**「n't」をつけたりとったりするだけ**だから簡単だよ。ただし、**付加疑問**

の主語を「代名詞」にかえることを忘れないように。

なんだ、意外と簡単ですね。

「一般動詞」の「肯定文で始まる文」は「否定の疑問形」を後につけるから、次ページの例のように**まず「否定形」を作り**（例：She doesn't speak 〜）、次に「疑問形」を作る（例：Doesn't she speak 〜？）方法で進めていこう。
その際、代名詞じゃない主語は**最初から「代名詞」にかえておくこと**。
「否定文で始まる文」の場合は、ただ**「n't」をとればいいので簡単だね**。

肯定の付加疑問文：肯定文…, ~n't+主語？
（短縮形）（人称代名詞の主格）

付加疑問文の形

▶ **肯定文…, 否定の付加疑問？「～ですね」**

例 Tom is busy, **isn't he?**

（トムは忙しいですね）

She speaks French, **doesn't she?**

（彼女はフランス語を話しますね）

▶ **否定文…, 肯定の付加疑問？「～ではありませんね」**

例 Tom isn't busy, **is he?**

（トムは忙しくありませんね）

She doesn't speak French, **does she?**

（彼女はフランス語を話しませんね）

48 付加疑問文の基本

Point! be動詞の付加疑問文

	肯定文＋否定の付加疑問？	否定文＋肯定の付加疑問？
現在	is ➡ , isn't ~ ?	isn't ➡ , is ~ ?
	are ➡ , aren't ~ ?	aren't ➡ , are ~ ?
過去	was ➡ , wasn't ~ ?	wasn't ➡ , was ~ ?
	were ➡ , weren't ~ ?	weren't ➡ , were ~ ?

Point! 一般動詞の付加疑問文

	肯定文＋否定の付加疑問？	否定文＋肯定の付加疑問？
現在	goなど ➡ , don't ~ ?	don't ➡ , do ~ ?
	goesなど ➡ , doesn't ~ ?	doesn't ➡ , does ~ ?
過去	wentなど ➡ , didn't ~ ?	didn't ➡ , did ~ ?

9時間目

49 助動詞の付加疑問文

KEY SENTENCE ㊾

Mary can drive,

can't she?

メアリーは車を運転**できますね。**

「助動詞」の場合も、「be 動詞」と同じように簡単で、**「won't」以外は「n't」をつけたりとったりするだけ**でいい。
現在完了の「have / has」は「don't / doesn't」にしないように注意してね。

はい、気をつけます。

復習できたらチェック！■

 助動詞の付加疑問文：基本は「(n)'t」をつけたりとったりするだけ will ➡ , won't ~ ? ／ won't ➡ , will ~ ?

	肯定文＋否定の付加疑問？	否定文＋肯定の付加疑問？
現在	can ➡ , can't ~ ? など	can't ➡ , can ~ ? など
過去	could ➡ , couldn't ~ ? など	couldn't ➡ , could ~ ? など
未来	will ➡ , won't ~ ?	won't ➡ , will ~ ?
現在完了	have / has ＋過去分詞 ➡ , haven't / hasn't ~ ?	haven't / hasn't ＋過去分詞 ➡ , have / has ~ ?

Column コラム　スープは食べるもの？

「スープを飲む」というのは、英語でどういえばいいのでしょうか？　スプーンを使って口に入れる場合には「**eat soup**」、カップなどから直接飲む場合には「**drink soup**」といいます。また、飲み方にかかわらず「**have soup**」ともいいます。どちらにしても、音を立てて飲むのはエチケットに反するものとして嫌われます。

9時間目 時の過ぎゆくままに…「命令文」「付加疑問文」

50 命令文と Let's ～の付加疑問文

KEY SENTENCE 50

Let's dance, shall we?
踊りませんか?

命令文の付加疑問文は「命令文～ , will you?」の形になるよ。これがつくと、命令の意味が和らげられるんだ。

「Will you ～ ?」のように、前に出した疑問文と似た意味になりますね。

そうだね。そして「Let's」ではじまる文の付加

復習できたらチェック！

疑問文は「Let's ～, shall we?」の形になるよ。これも「Shall we ～?」のように、前に出した疑問文と似た意味になるからわかりやすいね。

図解
命令文の付加疑問文：命令文～, will you?「～してくれませんか？」
Let's ～. の付加疑問文：Let's ～, shall we?「～しましょうか？」

例

Open the window, **will you?**
（窓を開けてくれませんか？）
Don't open the window, **will you?**
（窓を開けないでくれませんか？）
※肯定文・否定文のどちらでも同じ形。

Let's go to school, **shall we?**
（学校へ行きましょうか？）

9時間目　時の過ぎゆくままに…「間接疑問文」

51 間接疑問文の作り方

KEY SENTENCE 51

I don't know where she lives.

私は彼女がどこに住んでいるのか知らない。

最後に**「間接疑問文」**を復習して9時間目は終わりにしよう。

間接疑問文というのは、**疑問詞ではじまる疑問文が他の文に組み込まれた形**をいう。

また、**疑問詞を使っていない疑問文の場合は、疑問詞のかわりに「if」を使って**間接疑問文にする。

ふつうの疑問文と違って、直接相手に何かを尋

ねているわけではないから注意しよう。

疑問詞の後の**主語と動詞の語順が逆になる**んでしたよね。

そう、「know」や「wonder」の後に疑問文をつけ加えるときは、疑問詞やif以下が「主語＋動詞」の語順、つまり**「ふつうの文の形」にかわってしまう**んだ。

じゃあ、疑問文で使う「does」や「did」はなくなるんですね。

そのとおりだ。
215ページの例文を見て、間接疑問文の作り方を確認しておこう。

図解 疑問文 ➡ 間接疑問文の書きかえの手順

STEP 1

疑問詞があるときは最初の大文字を小文字にする。
疑問詞がないときは「if」を使う。

STEP 2

「疑問詞」「if」以下を「主語＋動詞」の語順にする。

STEP 3

文末の「?」を「. (ピリオド)」にかえる（肯定文・否定文の場合）。

STEP 4

一般動詞で使われる「do」「does」「did」に注意して、動詞の時制や3単現の「s(es)」などをつける。

復習できたらチェック! ■

51 間接疑問文の作り方

▶ **know / wonder など＋疑問詞＋主語（＋助動詞）＋動詞「～を知っている／～かしら」**

Who is he?（彼は誰ですか？）

I know who he is.（私は彼が誰なのか知っている）

（彼はどこに住んでいるのか？）

Where does he live?

I wonder where he lives.
（彼はどこに住んでいるのかしら）

▶ **know / wonder など＋ if ＋主語（＋助動詞）＋動詞「(～かどうか) 知っている／～かしら」**

Is he free?（彼はヒマですか？）

Do you know if he is free?
（あなたは彼がヒマかどうか知っていますか？）

（明日は雨が降りますか？）

Will it rain tomorrow?

I wonder if it will rain tomorrow.
（明日は雨が降るかしら）

9時間目

9時間目

「現在完了」「付加疑問文」「間接疑問文」のまとめ

9時間目に習ったKEY SENTENCEをおさらいしましょう。
復習したら□にチェック！

㊹ I **have known** her for a year. □
私は1年前から彼女を**知っている**。

㊺ **Have** you **ever been** to Greece? □
あなたはギリシャ**へ行ったことがありますか**？

㊻ The concert **has already started.** □
コンサートは**もうはじまっていた。**

㊼ Spring **has come.** □
春が**きた。**

㊽ It's nice today, **isn't it**? □
今日はいい天気**ですね。**

㊾ Mary can drive, **can't she?** □
メアリーは車を運転**できますね。**

(50) **Let's** dance, **shall we?** □
踊り**ませんか？**

(51) I don't know **where she lives.** □
私は**彼女がどこに住んでいるのか**知らない。

10時間目

英語の達人への扉「関係代名詞」「分詞」

複雑なイメージの「関係代名詞」もしくみがわかればカンタン！

みなさん、ここまでの長い道のり、お疲れさまでした。
　実は、9時間目までの内容を押さえただけで、中学英語の復習は十分なのです。でも、もっと会話上手になりたい人は、あと1時間だけお付き合いください。さあ、英語の達人への最初の一歩を踏み出しましょう！

10時間目 英語の達人への扉 「関係代名詞」

52 関係代名詞の基本と主格の関係代名詞

KEY SENTENCE 52

This is a car **which** was made in Germany.

これはドイツ製の車です。

いよいよ最後の時間だね。まずは、「関係代名詞」を復習しよう。
関係代名詞は、実は、2つの文をくっつける"接着剤"のような働きをする語なんだ。

なるほど、接着剤ですか。

最初の文でおおまかな内容を伝えて、後からそ

のことについて、関係代名詞でつないで詳しい説明を追加していくんだ。
2つの文を1つにするには、次の3つの段階を踏めばいいよ。
最初に、2つの文の中から「同じ人・物」を意味する語を見つけてそれぞれに「下線」を引く。
次に、2番目の文の**代名詞を同じ格の関係代名詞**と入れかえる。
このとき、「人」「物」では使う"接着剤"が違うことに注意すること。

はい、わかりました。

それから最後に、両方の文の**離れた短い下線を1つにつなげる**。関係代名詞以下の部分は、前の名詞を後から修飾するので、**必ずいっしょに連れていくこと**。

関係代名詞＝
2つの文をくっつける働きをする語

「関係代名詞」の種類（格の変化）

先行詞	主格	所有格	目的格
人	who	whose	whom
物・動物	which	whose	which

※すべての先行詞の「主格」「目的格」としては「that」も使える。

主格　先行詞（人）　　　　＋ who ＋動詞
　　　　先行詞（物・動物）　＋ which ＋動詞

52 関係代名詞の基本と主格の関係代名詞

2つの文のつなぎ方

STEP 1

2つの文の中の「同じ人」「同じ物」に下線を引く。

例 The boy is Bill. + He is playing tennis.　　**[The boy = He]**
　 This is a car. + It was made in Germany.　**[a car = It]**

STEP 2

主格の人称代名詞を関係代名詞 who / which にかえる。

例 The boy is Bill. + who is playing tennis.　　**[He ➡ who]**
　 This is a car. + which was made in Germany.　**[It ➡ which]**

STEP 3

2つの文の離れた下線を1つにつなげる。
関係代名詞以下の部分は離さずいっしょに移動する。

例 The boy **who** is playing tennis is Bill.
　 （テニスをしている少年はビルです）
　 This is a car **which** was made in Germany.
　 （これはドイツで作られた［ドイツ製の］車です）

⚠注意

先行詞が「Bill」ではなく「The boy」になるのは、特定の人を指す**「Bill（固有名詞）」**に対して、**「The boy」**は漠然としているので説明が**必要**なため。先行詞で迷ったら、**より説明が必要なもの**を選ぶ。

10時間目 英語の達人への扉 「関係代名詞」

53 所有格の関係代名詞

KEY SENTENCE 53

I met a girl whose father is a pilot.

私は父親がパイロットである少女に会った。

次は、**所有格の関係代名詞**だ。
所有格は**人も物も同じ**だからラクだよ。

所有格 先行詞(人・物・動物) + whose + 名詞

復習できたらチェック！ ■

2つの文のつなぎ方

STEP 1

2つの文の中の「同じ人」「同じ物」に下線を引く。

例 I have <u>a son</u>. + <u>His</u> name is Tom.   [a son = His]
   Look at <u>the hotel</u>. + <u>Its</u> roofs are red.   [the hotel = Its]

STEP 2

所有格の人称代名詞を関係代名詞 whose にかえる。

例 I have <u>a son</u>. + <u>whose</u> name is Tom.   [His ➡ whose]
   Look at <u>the hotel</u>. + <u>whose</u> roofs are red.   [Its ➡ whose]

STEP 3

2つの文の離れた下線を1つにつなげる。
関係代名詞以下の部分は離さずいっしょに移動する。

例 I have <u>a son</u> **whose** name is Tom.
   （私にはトムという名前の息子がいる）
   Look at <u>the hotel</u> **whose** roofs are red.
   （その屋根が赤いホテルをごらんなさい）

10時間目 英語の達人への扉 「関係代名詞」

54 目的格の関係代名詞

KEY SENTENCE 54

This is the camera **which** I bought yesterday.

これは私が昨日買ったカメラです。

今度は**目的格の関係代名詞**を確認しよう。
これで関係代名詞はほとんど思い出したはずだよ。

| 目的格 | 先行詞(人)　　　　　＋ whom ＋主語＋動詞
先行詞(物・動物) ＋ which ＋主語＋動詞 |

復習できたらチェック！ □

2つの文のつなぎ方

STEP 1

2つの文の中の「同じ人」「同じ物」に下線を引く。

例 She is <u>a girl</u>. + I know <u>her</u> very well.   **[a girl = her]**
This is <u>the book</u>. + I bought <u>it</u> yesterday.   **[the book = it]**

STEP 2

目的格の人称代名詞を関係代名詞 whom / which にかえる。

例 She is <u>a girl</u>. + I know <u>whom</u> very well.   **[her ➡ whom]**
This is <u>the book</u>. + I bought <u>which</u> yesterday.   **[it ➡ which]**

STEP 3

2つの文の離れた下線を1つにつなげる。関係代名詞の文の「主語＋動詞」を関係代名詞の直後に移動する。

!注意
目的格の whom, which は省略できる。

例 She is <u>a girl</u> **whom** I know very well.
（彼女は私がとてもよく知っている少女です）
This is <u>the book</u> **which** I bought yesterday.
（これは私が昨日買った本です）

10時間目

10時間目 英語の達人への扉 「分詞」

55 現在分詞と過去分詞

> KEY SENTENCE 55
>
> Who is the girl **dancing** with him?
> 彼と踊っている少女は誰ですか?
>
> This is a picture **taken** by him.
> これは彼が**撮った**写真です。

最後に「**分詞**」の話をしよう。
分詞には「**現在分詞**」と「**過去分詞**」があるよ。
現在分詞は「動名詞」と形は同じだけど、働きは違うんだ。

はい、動名詞は「名詞」と同じ働きをするんですよね(→ p.182 参照)。

そのとおり。ところが、同じ形でも「分詞」のほうは、「形容詞」の働きをして名詞を修飾するんだ。
だから「動名詞＝名詞、分詞＝形容詞」と押さえておこう。

はい。

現在分詞も過去分詞も、①単独で使われる場合は前から、②後に語句を伴う場合は後から名詞を修飾するんだ。
①の場合、語順は形容詞と同じ（分詞＋名詞）だからわかりやすいよ。
②の場合は、分詞を名詞の直後に置けばいい（名詞＋分詞）んだ。

しっかり頭に入れておきます。

図解 現在分詞と過去分詞の使い方

現在分詞
動詞＋ing

現在分詞「～している」

▶① **現在分詞が単独で使われる場合**
　➡前から名詞を修飾する（現在分詞＋名詞）
例 a **sleeping** dog（眠っている犬）

▶② **現在分詞の後に語句を伴う場合**
　➡後から名詞を修飾する
　（名詞＋現在分詞＋語句）
例 a dog **sleeping** under the tree
（木の下で眠っている犬）

▶③ **①と②の比較**
例 a **sleeping** dog
　 a dog **sleeping** under the tree

復習できたらチェック！

55 現在分詞と過去分詞

過去分詞

動詞の原形＋ed（不規則変化のものもあり）

過去分詞「～された、～される、～した」

▶① **過去分詞が単独で使われる場合**
　➡前から名詞を修飾する（過去分詞＋名詞）
例 a **broken** dish（こわされた皿➡こわれた皿）

▶② **過去分詞の後に語句を伴う場合**
　➡後から名詞を修飾する
　　（名詞＋過去分詞＋語句）
例 a dish **broken** by him
　（彼によってこわされた皿➡彼がこわした皿）

▶③ **①と②の比較**
例 a **broken** dish
　 a dish **broken** by him

10時間目

「関係代名詞」「分詞」のまとめ

10時間目に習った KEY SENTENCE をおさらいしましょう。
復習したら□にチェック！

㊾ This is a car **which** was made in Germany. □
これはドイツ製の車です。

㊿ I met a girl **whose** father is a pilot. □
私は父親がパイロットである少女に会った。

㊾ This is the camera **which** I bought yesterday. □
これは私が昨日買ったカメラです。

㊾ Who is the girl **dancing** with him? □
彼と**踊っている**少女は誰ですか？

This is a picture **taken** by him. □
これは彼が**撮った**写真です。

本書は、2011年11月、小社から出版された
『図解 中学3年間の英語を10時間で復習する本』を
文庫収録にあたり、新編集したものです。

〔著者紹介〕
稲田 一（いなだ　はじめ）

　1948 年、広島県生まれ。早稲田大学法学部卒業。大手電機メーカーの人事・総務部勤務後、（専）通訳ガイド養成所を経て、翻訳・塾講師・家庭教師などの仕事に従事。受験界に身を転じてからは、「志望校の徹底分析に基づく効率的学習」を柱とする独自の学習法を確立。その理論に裏付けられた指導法により、多くの受験生を合格へと導く。還暦を機に、海外各国を歴訪。今後も視野を一層広げるため、訪問国を増やしていく予定。

　著書に『カラー版　CD 付　中学 3 年間の英語を 10 時間で復習する本』『カラー版　CD 付　高校 3 年間の英語を 10 日間で復習する本』『カラー版　CD 付　中学 3 年間の英語で身につける日常会話』『カラー版　中学 3 年間の英文法を 10 時間で復習する本』『カラー版　CD 付　中学英語の前置詞を 10 時間で復習する本』『カラー版　中学 3 年間の英語で身につける英作文』（以上、小社）、『早稲田大学完全マニュアル』（松柏社）などがある。

中経の文庫

図解 中学3年間の英語を10時間で復習する本

2016年5月14日	第 1 刷発行
2018年9月10日	第14刷発行

著 者　稲田 一（いなだ はじめ）
発行者　川金正法
発　行　株式会社KADOKAWA
　　　　〒102-8177 東京都千代田区富士見2-13-3
　　　　0570-002-301（ナビダイヤル）
　　　　受付時間 11:00～17:00（土日 祝日 年末年始を除く）
　　　　https://www.kadokawa.co.jp/
DTP　4U design（南 貴之）　印刷・製本　暁印刷

落丁・乱丁本はご面倒でも、下記KADOKAWA読者係にお送りください。
送料は小社負担でお取り替えいたします。
古書店で購入したものについては、お取り替えできません。
電話 049-259-1100（10:00～17:00／土日、祝日、年末年始を除く）
〒354-0041 埼玉県入間郡三芳町藤久保550-1

本書の無断複製（コピー、スキャン、デジタル化等）並びに無断複製物の譲渡及び配信は、
著作権法上での例外を除き禁じられています。また、本書を代行業者などの第三者に依頼して
複製する行為は、たとえ個人や家庭内での利用であっても一切認められておりません。

©2016 Hajime Inada, Printed in Japan.
ISBN978-4-04-601642-3　C0182

さらに英語の基礎を学びたい人に
稲田式復習本

中学・高校6年間の英語をこの1冊でざっと復習する

著者：稲田　一
本体価格：1,200円+税
ジャンル：英語・英会話

大人のやり直し英語の定番、「稲田式」復習本。本書では中学・高校の6年間の学習範囲で、そのエッセンスを総まとめ！おなじみのライブ講義で、6年間の英語のポイントを一気に読みこなせる入門書。

カラー版 CD付
中学英語の前置詞を 10時間で復習する本

著者:稲田 一
本体価格:1,500円+税

ロングセラーがカラー版になって登場! うまく使いこなせなくて苦手……という人が多い前置詞を、たった10時間で身につけられる! イラストでそれぞれの前置詞の役割をつかめるから、わかりやすく記憶にも定着すると大好評の一冊。

カラー版
中学3年間の英文法を 10時間で復習する本

著者：稲田　一
本体価格：1,300円+税

ロングセラー改訂版。中学で習う英文法をたった10時間で総ざらいできる1冊。「ホップ・ステップ・ジャンプ」の3ステップ方式で、確実に基礎をマスターして実力アップ!

カラー版　CD付
中学3年間の英語で身につける日常会話

著者：稲田　一
本体価格：1,500円+税

ロングセラー改訂版。日常会話は中学英語だけで大丈夫、とのコンセプトで覚えてすぐに使えるキーフレーズを厳選。この1冊で日常会話ができるようになる！　日本語→英語の順で収録したCDは初心者にぴったり。

カラー版　CD付
中学3年間の英語を 10時間で復習する本

著者：稲田　一
本体価格：1,500円+税

ロングセラーがさらに使いやすくなってリニューアル！英語の基本である「中学英語」を10時間で学習できるようポイントを凝縮した、やり直し英語の決定版。効果的な使い方や各時間のポイント、練習ドリルを追加し、使いやすさが向上。